고려 강화도성

한국중세사학회 연구총서 8

고려 강화도성

이 희 인 지음

혜안

20여 년 전 군복무를 마치고 복학을 한 필자는 선배의 권유로 말로만 듣던 발굴현장에 참여하게 되었다. 용인의 아파트 건설부지에서 발견된 고려시대 고분군이 처음 고고학과 인연을 맺게 된 유적이었다. 당시 아무것도 몰랐던 생 초보자로 절반쯤 잘려나간 토광묘 안에서 운 좋게 청동거울과 숟가락을 발견하면서 가슴이 두근거렸던 기억이 생생하다.

이후 석사과정에 재학하면서 경기도박물관과 기전문화재연구원 등에서 다양한 발굴 현장을 경험해 볼 수 있었다. 하지만 2001년 인천시립박물관에 근무하게 되면서 유적을 접할 수 있는 기회가 줄어들었고, 석사논문의 주제도 어떤 분야로 선택해야 할지 감조차 잡지 못했다. 그러다가 강화도에 지표조사를 다니면서 우연히 고려시대 석곽묘가 덮개돌이 열린 채 파괴되어 있는 모습을 보면서 고려 고분을 주제로 논문을 쓰고자 마음먹었다. 그때까지 고려시대는 우리나라 고고학의 연구 영역으로 인식되지 않았고, 연구자도 거의 없었다. 그럼에도 불구하고 논문 주제를 고려시대 고분으로 선택한 데에는 뚜렷한 목적의식이 있어서가 아니라 고고학에 관심을 갖으면서 처음으로 접했던 유적이 고려 고분이었던 것이 한 몫 했다. 여기에 필자는 운 좋게도 마침 강화도를 대상으로 한 연차적인 지표조사를 진행하게 되었는데 조사 주제를 고려 고분의 분포현황으로 하기로 해 승낙을 받았다.

조사를 준비하면서 고려시대 분묘에 대한 자료를 모았고, 현장을 다니면서 느꼈던 경험을 재료 삼아 「중부지방 고려시대 고분 연구」라는 주제의 석사학위논문을 작성할 수 있었다.

이처럼 우연한 계기로 고려시대를 주제로 연구를 시작하게 되었는데 우연이 지속되면 필연이 된다는 말처럼 필자는 그때부터 강화도에 관심을 갖게 되었다. 사실 강화도는 인천에 근무하기 전까지 학부시절 몇 차례 답사를 와본 것 이외에 별다른 인연이 없던 곳이었다. 그러나 박물관에 근무하면서 맡은 업무로 일 년 중 3~4개월을 강화에서 보내면서 섬 곳곳을 살펴볼 기회가 많았다. 때마침 강화도에 있는 고려 왕릉이 발굴되는 등 강도 시기와 관련된 자료가 조금씩 늘어나면서 고려 강도에 대한 공부를 시작할 수 있었는데 이것이 필자가 박사학위논문 주제를 강화도로 잡게 된 계기가 되었다.

사실 강도에 관한 자료는 많지 않기 때문에 그때까지 강도에 관한 이해는 문헌 자료에 의지하고 있었다. 선학들의 연구에 따르면 강도는 지금의 고려궁지에 궁궐이 자리하고 내륙으로부터의 침입을 방어하기 위해 강화도 동쪽 해안가를 따라 외성을 쌓았으며, 강도가 자리했던 오늘날 강화읍 일대를 중성이 감싸 안은 형태였다. 그런데 근래에 진행된 고고학적 조사 결과는 이를 뒷받침 하지 못했고, 강도의 지형이 해안 간척으로 변화가 극심하게 이루어진 것을 감안하면 그동안 알려져 있던 강도의 모습은 실제와 다를 가능성이 있음을 짐작할 수 있었다. 필자는 강화도 곳곳을 다니면서 느꼈던 경험과 그동안 새롭게 확인된 자료를 검토하면서 강도에 관한 통설에는 검토의 여지가 있음을 알게 되었고 이러한 문제의식을 바탕으로 「고려 강도 연구」라는 제목의 박사학위논문을 작성하였다.

주요 논지를 보면, 먼저 고려궁지는 강도의 궁궐터가 아니거나 적어도 중심 지역은 아니며 최근 강화읍 일대에서 조사된 유적의 양상과 개경 궁궐과의 비교를 통해 볼 때 강도의 궁궐은 고려궁지 서남쪽과 궁골 일대에 있었던 것으로 파악된다. 다음으로 강도의 성곽체제는 강화도의 삼면 또는 동쪽 바닷가를 따라 축조되었던 것으로 보았던 해안 외성은 존재하지 않았고, 현재 중성으로 알려진 토성의 해안 구간에만 한정되어 제방이 축조되어 있었던 것으로 보인다. 강도의 외성은 해안 성이 아니라 지금의 중성을 의미하며, 중성은 구체적인 범위는 알 수 없지만 외성 안쪽으로 궁궐을 비롯한 도읍의 중심부를 둘러싼 모습이었을 것으로 추정된다. 그에 따라 강도의 성곽체제는 외성(도성)-중성-궁성으로 이루어졌던 것으로 판단된다는 것이다.

이 책은 필자의 박사학위논문에서 부족하거나 작성 당시에는 미처 생각하지 못했던 몇몇 부분들을 보완한 것이다. 책을 내면서 부끄럽고 조심스러운 마음이 앞서지만 그동안 많은 선생님들의 지도와 도움이 있어 이렇게나마 모양을 갖추게 되었다. 지도교수이신 손병헌 선생님과 학위논문 심사를 맡아주신 조유전 선생님, 박성우 선생님, 김교년 선생님, 백종오 선생님은 글쓰기와 자료의 해석에 많은 가르침과 조언을 주셨다. 그리고 부족한 논문을 책으로 출판할 수 있도록 큰 힘을 주신 윤용혁 선생님과 학회 연구총서로 발간할 수 있는 기회를 주신 한국중세사학회 선생님들께 고개 숙여 감사드린다. 이외에 논문을 준비하는 과정에서 박물관의 선배이자 동학으로서 격려와 성원을 아끼지 않았던 김상열, 배성수 선생님에게 감사드린다. 힘들게 찍은 사진을 흔쾌히 제공해주신 정학수 선생님과 정민섭, 도면 작성에 도움 준 김성이와 조유미에게도 고마움의 마음을 전한다. 또, 필자의 글이 말끔한 책이 될 수 있도록 만들어 주신 혜안의 여러분께도 감사의 마음을 전한다.

끝으로 지금까지 항상 말없이 곁에서 지켜봐주신 부모님과 20여 년 지기인 아내, 그리고 윤노와 정민에게도 이 글을 빌어 고맙다는 말을 전하고 싶다.

2016년 11월 청량산 박물관에서   이 희 인

차 례

I.
머리말

1. 연구 목적

강화는 13세기 몽골 침략기에 고려의 도읍이 39년간 자리했던 곳이
다. 당시는 칭기즈칸이 건설한 몽골제국이 동아시아 전역으로 세력을
확대하고 있던 시기로 고려 역시 파상적인 몽골의 압박을 피할 수
없었다. 몽골의 1차 침입 이후 고려 집권층은 도읍을 옮길 것을 결정하고
1232년 7월 강화로 천도하였다. 천도 이후 강화는 일개 지방 縣에서
고려의 도읍지가 되었고 江都로 불렸다.[1] 이처럼 외세의 침략기간
동안 일시적 피난이 아니라 공식적으로 수도를 옮긴 것은 세계사적으로
그 예를 찾아보기 어려운 사건으로 역사적인 의미가 매우 크다.[2]

---

1) 『高麗史』권56, 志10 地理 1, 江華都護府, "…高宗十九年 避蒙古兵入都 陞爲郡 號江都".
   당시 고려 집권층은 강도를 皇都로 인식하였다(「崔沆墓誌銘」, "…中城以屛皇都").
2) 강화로 천도가 이루어지게 된 배경에 대해서 '순수한 국난극복을 위한 자주성의
   발로'라고 보는 견해와 '무신정권의 정권유지 차원'이라고 보는 시각이 서로
   상충되고 있다(김기덕, 2000, 「고려시대 강화도읍사 연구의 쟁점」, 『사학연구』

평화전망대에서 바라본 예성강 하구(정민섭)

강화는 "비록 천도한 초창기이나 毬庭·宮殿·寺祠의 이름이 모두 松都에 따랐고 八關·燃燈·行香·道場이 모두 옛 방식 그대로였다."라고 하여[3] 개경을 모방해서 건설되었던 것으로 전한다. 물론 기록처럼 모든 것이 동일할 수는 없겠지만 적어도 강도에는 개경의 공간구조가 투영되어 있음을 시사한다고 할 수 있다. 따라서 강도는 그 자체는 물론, 개경의 공간을 이해하는 데 있어서도 가치가 높다.

한편 도성은 최고 정치권력의 소재지로서 수도(Capital city), 도읍 혹은 왕경 등의 용어와 치환되기도 한다. 일반적으로 도성은 성곽으로 둘러싸여 있고, 그 안에 국왕이 거주하는 궁궐과 관아, 사원과 거주지, 시장이 위치한 공간을 의미한다.[4] 그런데 성곽 자체가 도성을 규정하는

61, 96쪽). 해석에 따라 천도에 대한 역사적인 평가는 다르게 내려질 수 있지만 고려도성 연구에서 강화가 차지하는 비중은 차이가 없다고 본다.

3) 『高麗史』 권23, 世家23 高宗 21년 2월.

4) 城郭이라는 용어는 보통 城과 같은 의미로 사용되고 있다. 그러나 엄밀한 의미에서

승천포 고종 사적비

절대적 기준은 아니다. 중국 고대의 도시개념을 적용했을 때 엄밀한
의미에서의 도성은 나성[곽성]으로 둘러싸인 공간을 지칭하지만 나성
없이도 국왕이 거주하고 국가의 정치·경제적 중심이 되는 도시를
도성으로 파악할 수 있다.[5] 왕경이지만 나성이 존재하지 않은 신라의
경주가 대표적인 예다.

　이러한 도성의 공간구조는 당대의 우주관, 자연관 등을 반영한다.[6]
다시 말해 국가의 통치체계에 적용된 사상·종교·이념은 도성의 건설과
정에 투영되고, 더 나아가 도성 이외의 다른 도시의 공간을 구성하는

　城은 궁궐을 둘러싼 宮城을 의미하고 郭은 궁성 바깥에 일반 민이 거주하는 외곽을
둘러싼 성벽을 의미한다. 중국에서 궁성과 곽성의 이원체계 정립은 춘추전국시대
에 이루어진 것으로 알려져 있다(박양진, 2003, 「중국 초기 도시의 고고학적
일고찰」,『지방사와 지방문화』제6권 1호, 역사문화학회, 25쪽).

5) 박양진, 위의 글, 8~9쪽.
6) 나기주, 1985, 「도성계획과 우주적 상징주의」,『지리학』20-2, 대한지리학회.

데 있어 기본원리로 적용된다. 따라서 한 나라의 통치체계를 이해하기 위해서는 도성의 건축과 공간배치의 원리에 대한 심도 있는 검토가 필요하다. 이를 위해서는 공간구조의 복원이 우선되어야 한다. 궁궐과 관아·성곽·태묘·사원·왕릉 등 주요 도시 시설의 위치와 배치 그리고 행정체계의 재구성이 필요하며, 이것은 곧 도성 연구의 기본적인 주제가 된다.

이와 같은 맥락에서 최근 한국의 도성에 대한 연구가 활발하게 진행되고 있다. 그 동안에는 역사학을 중심으로 삼국시대 왕경과 조선의 한양에 대한 연구가 주로 이루어졌다. 근래에는 도성 연구가 도시사라는 새로운 학문적 경향 속에서 점차 다양한 자료를 바탕으로 연구의 외연을 넓혀가고 있다.[7]

그러나 한국의 도성과 도시 연구에서 고려시대가 차지하는 비중은 크지 않다.[8] 개경은 강화로 천도했던 기간을 제외하고 430여 년간 고려의 수도였지만, 이에 대한 연구는 역사적 위상에 미치지 못하고

---

[7] 도시사는 '전통적으로 역사학의 주제였던 시간과 인간에다가 공간을 또 하나의 중심축으로 삼아 과거를 연구하고자 하는 것으로, 도시공간과 사회변화의 상호관계에 대한 연구가 중심적인 주제'라고 정의된다. 또한 연구방법론적인 측면에서는 종래의 문헌 자료에 의존한 것에서 탈피해 지도, 민속자료, 회화, 구술자료 등 자료의 다양화를 지향한다(고동환, 2010, 「한국 도시사 연구동향」, 『역사학보』 제207호, 역사학회, 355, 373쪽).

[8] 고대의 도성은 고대국가의 성립 및 발전과 관련하여 일찍이 관심의 대상이었으며 삼국 도성의 공간구조와 행정체계, 역사적 성격 등과 관련해 활발한 연구가 이루어지고 있다. 아울러 근래 백제의 부여와 공주, 신라의 경주와 지방 거점도시에 대한 발굴조사가 활발하게 이루어지면서 도성은 물론 지방도시에 대한 이해의 폭이 확대되고 있다(전덕재, 2010, 「한국 고대의 왕경과 도성, 지방도시」, 『역사학보』 제207호, 역사학회). 조선시대 한양에 대한 연구는 공간구조의 복원뿐만 아니라 사회, 경제, 건축, 도시계획 등 다양한 학문적 관점에서 이루어지고 있다. 한양에 대해서는 다른 시대에 비해 훨씬 풍부한 자료가 있는데 이를 바탕으로 90년대 이후 20여 년간 관련 논문 수가 300여 편에 달할 정도로 관련 연구가 활발하게 진행되고 있다(고동환, 앞의 글, 363쪽).

있다.[9] 개경에 대한 연구가 이처럼 부족한 것은 자료가 절대적으로 부족할 뿐더러 남북 분단의 현실에서 유적에 대한 자유로운 접근과 조사가 어려웠기 때문이다.

개경에 대한 연구는 1990년대 후반부터 본격적으로 시작되었다. 『고려사』와 『고려도경』, 조선시대 문집이나 지지류를 바탕으로 주요 도시 시설의 위치를 비정하고 이를 통해 공간구조의 복원이 시도되었다. 도성의 가장 상징적인 공간인 궁궐(만월대)은 문헌기록을 토대로 건물의 배치를 추정했고, 성곽과 관청, 사원, 왕릉과 거주시설, 행정체계와 공간범위, 시장과 상업 등에 대한 연구도 이루어졌다. 아울러 동아시아 여러 도성과의 비교사적 연구도 시도되고 있다.[10]

이러한 노력으로 고려 수도 개경의 모습이 조금씩 밝혀지고 있지만 보다 진전된 성과를 얻기 위해서는 고고학적 자료가 뒷받침되어야 한다. 그런 의미에서 지난 2006년부터 7차례에 걸쳐 진행 중인 개성 궁궐의 남북공동 발굴조사는 개경 연구에 전기를 마련하고 있다.[11] 그러나 남한의 학자들이 개성을 지속적으로 직접 조사·연구하는 데에는 여러 가지 어려움이 있다.

이러한 현실에서 강도는 짧은 기간이지만 공식적으로 개경을 대체한 수도이자 그 도시 구조가 투영된 공간으로 남한에서 고려 도성의 구조를 연구할 수 있는 자료로서 가치가 높다. 더구나 개성과 강화가 가지는 역사적 연계성이 남북 간 협력의 용제가 될 수 있다는 점에서도

---

9) 박종진, 2010, 「개경(개성)연구의 새로운 모색」, 『역사와 현실』 79, 19쪽.

10) 국립문화재연구소, 2011a, 『고려수도 개경과 동아시아의 도성문화』, 문화재청 50주년기념 국제학술심포지엄.

11) 안병우, 2011, 「고려시대 수도로서 개경의 위상」, 『고려수도 개경과 동아시아의 도성문화』, 문화재청, 16~17쪽 ; 국립문화재연구소, 2012, 『개성 고려궁성 남북공동 발굴조사 보고서』 ; 2008, 『개성 고려궁궐 시굴조사보고서』.

강도에 대한 학술 조사와 연구의 필요성이 크다.

그렇지만 지금 우리가 강도에 관해 알고 있는 것은 그리 많지 않다. 강도를 공식적인 도읍이 아닌 임시 피난처로 바라보는 선입견이 존재하고[12] 기본적으로 연구 자료도 거의 없기 때문이다. 자료가 부족하다는 개경과 비교할 수 없을 정도로 강도와 관련한 문헌기록은 매우 단편적인 내용만 전하고 있다. 게다가 당시의 유적이 남아있는 예도 많지 않고 있더라도 그 성격이 불확실한 경우가 많다. 이는 강화도가 조선후기 왕실의 보장처로 기능하면서 천도기 도읍이 자리했던 곳에 후대의 유적이 들어섰고, 오늘날에는 체계적인 조사와 연구가 이루어지기도 전에 도시화가 진행된 결과다. 그래서 선학들의 노력에도 불구하고 여전히 강도의 궁궐 자리가 어디였는지 확실치 않고 천도 후에 쌓은 것으로 전하는 외성과 중성, 내성의 실체 또한 분명치 않다.

지금까지 강도는 '고려궁지'에 궁궐이 자리하고 내륙으로부터 침입을 방어하기 위해 동쪽 해안가에 外城을 쌓았으며, 궁궐을 비롯한 강도의 중심지역인 오늘날 강화읍 일대를 中城이 둘러싼 모습으로 이해되어 왔다. 이러한 견해는 수십 년 전 이병도에 의해 제기된 이래로 그동안 통설로 받아들여져 왔다. 그런데 1990년대 후반부터 강화도에서 산발적이나마 고고학적 조사가 이루어지면서 기왕에 알고 있었던 강도의 모습이 실제와 다를 수 있다는 것을 보여주는 사례가 나타나기 시작했다. 강도의 궁궐자리로 비정된 이후 사적으로 지정된 '고려궁지'에서 여러 차례의 발굴조사에도 불구하고 궁궐의 흔적이 뚜렷하게 확인되지 않은 것이 가장 대표적인 예다. 그리고 강도의 성곽과 시·공간적으로 연계되어 있는 것으로 보았던 강화외성과 강화산성에서도 강도시기와

---

12) 윤용혁, 2010, 「고려 도성으로서의 강도의 제문제」, 『한국사연구』 40, 한국사연구회, 77쪽.

강도가 자리 잡았던 오늘날의 강화읍 전경(정학수)

의 연관성은 발견되지 않았다. 이러한 일련의 조사결과는 강도의 대한 그동안의 이해를 다른 시각에서 검토해 보아야 할 과제를 우리에게 제시해 준다고 하겠다.

필자는 이 책에서 강도에 관한 기존의 통설을 그동안의 고고학적 성과를 바탕으로 비판적으로 검토해 보고자 한다. 다만 강도의 전반적인 도시 구조를 살펴볼 수 있는 자료가 아직까지 많지 않은 탓에 성곽을 중심으로 기존 견해의 한계와 문제점을 살펴보고, 나아가 강도의 공간구조에 관한 나름의 가설을 제기하고자 한다. 근래에 강도가 자리 잡았던 강화읍 일대에서 도성의 공간구조를 추정해 볼 수 있는 자료가 조금씩 늘어나고는 있다. 그러나 궁궐을 포함한 도성 내 주요 건축물에 대한 체계적인 조사가 현실적으로 쉽지 않아 가까운 미래에 강도의 모습이 획기적으로 밝혀지기 어렵기 때문이다. 반면 성곽은 최근 여러 조사를 통해 상대적으로 그 양상이 비교적 구체적으로 파악되고 있어 현 시점에서 강도를 이해하는 데 실마리가 될 수 있다. 또 도시의 범위와 구조를 반영하는 시설물이라는 점에서 성곽은 강도의 도시 구조를 이해하는 데 유용하다.

2. 연구 방법

본 연구는 고고 자료이외에도 문헌과 고지도, 지리학적 자료를 종합적으로 검토해 진행될 것이다.[13] 발굴 자료가 여전히 충분치 않기 때문이기도 하지만 강화라는 지역과 도성이라는 연구 주제의 특성상 보나 나각적인 접근이 필요하다.

먼저 그동안 강도 연구의 바탕이었던 문헌에 대한 재검토가 필요하다. 필자가 고고학 전공자로서 문헌을 이해하고 분석하는 데 한계가 있지만, 그동안 강도 연구의 문제점이 무엇인지 살펴보기 위해서 강도에 대한 기왕의 여러 학설에 논거를 제공한 문헌 자료를 검토하지 않을 수 없다. 이 가운데 『강도지』와 『속수증보강도지』 등 강화도의 읍지는 어느 자료보다 강화에 대한 풍부한 내용이 담겨 있어 강도를 연구하는 데 가치가 높다.[14] 그러나 여기에는 『고려사』와 『조선왕조실록』, 『신증동국여지승람』 등 주요 문헌 자료는 물론 동시대 또는 후대의 사료에는 전해지지 않는 내용이 포함되어 있어 보다 엄밀한 분석이 필요하다.

특히 『속수증보강도지』는 일제강점기에 간행되었음에도 불구하고

---

13) 고지도는 문헌사의 연구 자료로 인식되고 있지만 고고학적 유적의 위치와 범위를 파악하는데 중요한 자료로 활용될 수 있다. 특히 고지도 자료가 많이 축척되어 있는 한양도성의 경우 이를 통해 유적의 입지와 성격을 파악하는 데 활용되고 있다(민소리 外, 2012, 「한양도성 지표·시·발굴·방법론」, 『야외고고학』 제14호, 99~101쪽). 강화의 경우 축척된 자료는 많지 않지만 실제적인 유적 자료가 부족한 강도의 구조를 살펴보는 데 빼놓을 수 없는 자료다.

14) 『江都誌』는 1696년에 조선후기 문신인 李衡祥이 간행한 강화읍지로 채색지도를 포함해 2권 2책으로 구성되어 있다. 조선왕실의 보장처인 강화도의 방비책에 중점을 두어 숙종에게 올리려는 목적으로 저술되었는데, 강화의 읍지 가운데 내용이 가장 방대하고 자세하다. 사료의 가치를 인정받아 보물로 지정되었다. 한편 『續修增補江都誌』는 1932년 향토사학자 박헌용이 간행한 책으로 상하 2권으로 구성되어 있다.

이전에는 알려지지 않았던 주요 유적에 대한 위치를 구체적으로 전하고 있다. 오늘날 강화도의 유적 가운데 적지 않은 수가 이 책의 기록에 근거해 위치가 비정되어 있다. 그런데 전거를 알 수 없는 경우가 많아 조심스러운 접근이 필요하다. 유적의 위치는 한번 비정되면 새로운 자료가 확인되더라도 쉽게 바꿀 수 없다.

한편 이 책에서 강도에 대한 논의는 강화도의 공간적 특징에 대한 이해를 바탕으로 전개될 것이다. 강화도는 한반도에서 해안 간척에 의해 지형 변화가 극심하게 이루어진 곳 가운데 하나다. 오늘날 강화도의 지형은 고려시대부터 시작해 조선 후기에 집중적으로 이루어진 간척의 결과물이다. 따라서 강도시기 유적의 입지와 범위는 천도 당시의 해안선과 지형을 기준으로 이루어져야 한다. 간척과 그로 인한 강화의 경관 변화에 대해서는 어느 정도 정리가 이루어졌지만[15] 그동안 강도 연구에서 이러한 지형 변화는 크게 중시되지 않았다.

이러한 맥락에서 이 책에서는 다음의 순서에 따라 논의가 진행될 것이다. 먼저 Ⅱ장에서는 문헌에 나타난 강도의 모습과 그간의 연구 성과를 검토해 보겠다. 이는 단순한 연구사 정리가 아니라 기존 견해에 대한 자세한 이해와 문제점을 도출하기 위한 것이다. 한편 이 글에서 주요 검토 대상은 성곽이지만 논지의 전개를 위해서는 도성의 핵심 공간인 궁궐에 대한 검토를 하지 않을 수 없기 때문에 강도 궁궐의 위치에 대한 기왕의 견해도 살펴보겠다. 아울러 최근까지 강도시기와 연관된 발굴 유적의 현황을 정리해 논지의 이해를 돕도록 한다.

Ⅲ장에서는 강화도 정밀토양도에 나타난 간척지 토양 분포를 이용해 천도 당시 강화의 해안선을 추정해 보도록 한다. 그리고 강도시기

---

15) 최영준, 1997, 「강화지역의 해안저습지 간척과 경관의 변화」, 『국토와 민족생활사』, 한길사.

이후 강화의 지형이 어떻게 변화해 왔는지를 살펴보도록 하겠다.

Ⅳ장에서는 궁궐의 위치와 '중성'으로 알려진 토성의 성격, 그리고 해안 외성의 실체에 대한 검토를 진행하겠다. 먼저 궁성의 위치와 범위를 살펴보도록 할 것이다. 주지하듯이 '고려궁지'로 비정되어 왔던 강도 궁궐의 위치가 분명치 않고 그에 따라 궁궐을 둘러싼 궁성의 구체적인 범위도 알 수 없다. 그러나 궁궐의 위치와 궁성의 범위는 도성의 성곽체제, 나아가 공간구조를 이해하는 데 반드시 검토가 이루어져야 하는 부분이다. 이를 위해서 강화읍 일대의 지형과 최근의 발굴조사 결과를 토대로 궁궐의 위치를 좀 더 구체적으로 추정해 보겠다. 다음으로 강도의 도성으로 알려진 토성의 구조와 축조시기에 대한 검토를 하고 끝으로 지금까지 역사적 사실로 받아들여져 오고 있는 강도 해안 외성의 실체에 대해 살펴보도록 한다.

Ⅴ장에서는 강도에 건설되었던 것으로 전하는 외·중·내성의 비정을 통해 강도의 성곽체제를 파악하고 이를 개경과 비교해보도록 하겠다. 그리고 이를 바탕으로 강도의 공간구조를 대략적이나마 복원해 보도록 하겠다. 강도는 개경을 모방해 건설한 것으로 이해되면서 지금까지 강도의 모습은 개경과 비교를 통해 짐작되어 왔다. 하지만 개경과 비교만으로 강도의 공간구조를 복원하는 것은 한계가 있다. 도시의 공간구조는 해당 지역의 지형 조건에 많은 영향을 받는다는 점을 감안해 강도의 지형적 특수성을 검토한 뒤 문헌에 전하는 강도의 모습을 참고해 당시 도시의 모습을 추정해 보고자 한다. 또 사원과 능묘의 분포 양상을 통해 강도 공간구조의 특징과 범위를 살펴보도록 한다.

江都에 관한 그동안의 이해

1. 문헌에 나타난 강도의 성곽과 궁궐

  강도의 성곽에 대한 기록은 『고려사』와 『신증동국여지승람』을 비롯한 조선시대 지리지와 읍지에 전한다. 그런데 〈표 1〉에서 보듯이 그 내용은 매우 단편적이다. 『고려사』에는 강도에 외성·중성·내성이 존재했다는 것만 전해질 뿐 성곽의 범위나 위치, 구조에 관한 내용은 찾을 수 없다.

  문헌에 의하면 강도의 성곽 가운데 가장 먼저 건설된 것은 외성이다. 외성의 축조시점은 『고려사』 志에는 1233년(고종 20)으로 기록되어 있지만[1] 世家에는 1237년(고종 24)으로 전하고 있어[2] 같은 자료에서도 차이가 있다. 이처럼 외성의 축조시기가 서로 다르게 나타나는 이유에 대한 해석은 크게 세 가지가 있다. 첫째, 1233년은 외성이 축조되기

---

1) 『高麗史』 권82, 志36 兵2, 城堡.
2) 『高麗史』 권23, 世家23 高宗 24년 10월.

시작한 시점이고 1237년은 증축이 이루어진 해로 보는 의견,[3] 둘째, 각각의 연대는 외성의 축조와 완성된 시점을 의미한다는 견해,[4] 마지막으로 『고려사』에서 시기 표시는 일반적으로 최종적으로 완성된 시기를 의미하기 때문에 1237년에 외성이 완성되었다는 주장이 그것이다.[5] 그런데 어느 경우든 외성이 완성되는 시점은 1237년(고종 24)이다. 이렇게 보면 강도 외성을 축조하는 데 대략 3~4년의 기간이 소요되었던 것으로 볼 수 있다. 외성이 축조되기 시작한 시점을 정확히 알 수 없다고 하더라도 외성은 새롭게 건설되기 시작한 강도의 방어를 목적으로 할 것이며 따라서 천도 직후 또는 천도 이후 가급적 이른 시점부터 축조가 시작되었을 가능성이 높기 때문이다.

중성은 외성보다는 좀 더 구체적인 기록이 전한다. 『고려사』에 중성은 1250년(고종 37)에 축조되었고, 둘레 길이는 2,960間, 대·소문의 수가 17개라고 전한다.[6] 성의 위치는 알 수 없지만 「崔沆 墓誌銘」에 "중성으로서 皇都를 감쌌다"고 기록되어 있는 것을 볼 때[7] 중성은 궁궐을 포함한 강도의 핵심 공간을 둘러싼 성곽이었음을 짐작하게 한다.

한편 내성은 실체가 분명치 않다. 1259년(고종 46) 몽골과의 화의 과정에서 강도의 성곽을 허물게 되는데, 이때 내성과 외성이 몽골 사신의 감독 하에 7일 간격으로 차례로 파괴된다.[8] 그런데 당시 외성에

---

3) 김상기, 1948, 『동방문화교류사 연구』, 을유문화사, 128쪽.
4) 김창현, 2004, 「고려 개경과 강도의 도성 비교 고찰」, 『한국사연구』 127, 153쪽. 외성이 1233년에 축조되어 1237년에 완성된 것은 맞지만 이것은 외성의 축조가 집중적으로 이루어진 시기로 천도기 동안 외성의 축조와 수축은 지속적으로 이루어졌다고 보고 있기도 하다(윤용혁, 2005, 「고려 강화도성의 성곽 연구」, 『국사관논총』 106, 212쪽).
5) 신안식, 2009, 「강도시기 도성 성곽의 축조와 위상」, 『강화 고려궁지 학술조사 학술발표회 자료집』, 강화문화원, 52쪽.
6) 『高麗史』 권23, 世家23 高宗 37년 8월 ; 『高麗史』 권82, 志36 兵2, 城堡.
7) 김용선, 2006, 「최항묘지명」, 『고려묘지명집성』, 한림대학교출판부.

앞서 파괴된 내성은 축조 기록이 없어 그 성격에 대한 논란을 불러일으
켜 왔다. 뒤에서 살펴보겠지만 내성은 강도시기에 실제로 축성되었던
성곽이 아니라 다른 성곽 가운데 하나를 가리키는 것으로 보는 견해와
반대로 외성·중성과 함께 강도에 실제로 건설되었던 성곽을 의미하는
것으로 보는 시각이 함께한다. 이처럼 『고려사』에 의하면 강도에는
외성과 중성이 축조되었고 성격이 분명치 않은 내성이 있었음을 알
수 있다. 한편 궁성에 대한 내용은 전해지지 않는다.

〈표 1〉 강도 성곽 관련기사

문헌	기사 내용
『高麗史』 (1451)	· 1233년 강화 外城을 쌓았다. · 1235년 주군의 일품군을 징발하여 강화 沿江堤岸을 加築했다. · 1237년 이해에 강화외성을 쌓았다. · 1250년 비로서 강도 中城을 쌓았는데 둘레가 2960여 칸이고 대·소문이 모두 17개였다. · 1259년 처음 강도내성을 파괴하니 객사가 심하게 독촉하였다.… · 1259년 客使가 외성이 파괴되지 않았다는 말을 듣고 외성이 존재하니 어찌 가히 성심으로 복종한다고 하겠는가?…도방으로 하여금 외성을 파괴하니…
『崔沆墓誌銘』 (1257)	· 중성으로 皇都를 둘러쌓았다.
『新增東國輿地勝覽』(1530)	· 내, 외성은 모두 토축으로 외성은 주위가 37,076척이고 내성은 주위가 3,874척이다.
『休翁集』 「海東樂府」 (17세기초)	· …처음 강도 외성을 설치했는데 沿江還築하였다.…
『江都志』 (1696)	· 내성 : 주위가 3,874척이며 고종 19년 흙으로 쌓았는데 지금은 기지가 없다. · 중성 : 고려 고종 을사년에 흙으로 쌓았다. 故基가 지금 대문현

8) 『高麗史』 권24, 世家24 고종 46년 6월 11일 ; 『高麗史』 권24, 世家24 고종 46년 6월
18일.

	및 장령에 있다. • 외성 : 이는 포변장제로 속칭 만리장성인데 주위가 3만7076척이다. 흙으로 쌓았으며 1237년에 또 쌓았다. 이상 세 성은 1259년 훼석되었다.
『餘地圖書』 「江都府志」 (1759)	• 위치 : 송악 동쪽에 있다. 내성과 외성 모두 흙으로 쌓았다. • 규모 : 외성이 3만 7천 76척, 내성이 3천 8백 74척이다. • 특징 : 성문 유지가 남아있다(성문현, 대문현, 서문동 등 지명이 남아있다.
『江華府志』 (1783)	• 옛날 전기에 이르기를 고종이 천도할 때 내 외성을 모두 흙으로 쌓았는데 외성은 주위가 16만 6,066척이라 하였다. 舊址는 장령의 성문현, 선원의 대문현으로…. 내성은 주위가 3,877척이라 했는데…
『大東地志』 (1864)	• 1233년(고종 20)에 내성을 쌓았으며 지금 기지는 미상이다. • 1237년(고종 24) 흙으로 외성을 쌓았으며 지금 부 남쪽에 故址가 있다. • 1250년(고종 37) 비로소 중성을 쌓았는데 문이 모두 17개다.
『續修 增補江都誌』 (1932)	• 외성 : …沿海環築이러라(今其遺址或存或沒). 海東樂府 撤城註에 이르기를 연강환축하되…. 둘레는 수백리(지금은 수십리)라 하니…(조선)외성은…이는 본시 고려의 구성으로 이조 광해군 10년에 무찰사 沈悼이 토축으로 고치니… • 중성 : 토성으로 처음 옥림리 성문현으로부터…대문현을 거쳐…창성에 이른다.

    그런데 조선시대 지리지에는 『고려사』에는 없는 강도 성곽에 대한 좀 더 구체적인 내용이 전한다. 『신증동국여지승람』에는 강도의 외성과 내성은 흙으로 쌓았고 성의 둘레가 각각 37,076척과 3,874척인 것으로 기록되어 있다.[9] 그러나 외성과 내성의 위치에 대해서는 언급이 없고,

---

9) 건축 및 축성에 사용된 척은 營造尺인데 다만 『新增東國輿地勝覽』의 尺이 고려시대 혹은 조선시대 가운데 어느 시대의 척을 기준으로 기술한 것인지는 분명하지 않다. 그러나 고려와 조선시대 영조척의 길이는 대략 30~31cm 내외로 큰 차이가 없기 때문에(이종봉, 2001, 『한국중세도량형제연구』, 혜안, 120쪽) 1척의 길이를 약 31cm로 산정하면 37,076척인 외성의 길이는 약 11,490m, 3,874척인 내성은 약 1,200m로 환산된다.

중성에 대한 기록도 없어 여기서 외성과 내성이『고려사』의 그것과 어떤 관계가 있는지 혼란을 주고 있다.

특히 17세기 말에 제작된『강도지』에는 이전 시기의 문헌에는 전해지지 않았던 외성과 중성의 위치가 처음 등장한다. 이에 따르면 외성은 해변가의 제방[遍邊長堤], 즉 이며 중성은 '선원면 대문현 토성'으로 오늘날 강화읍 외곽에 남아있는 토성이 된다.[10] 또 내성에 대해서는 그 터는 남아있지는 않았지만 1232년(고종 19) 흙으로 쌓았다고 기록하고 있어 내성을 실제로 강도에 건설되었던 성곽으로 전한다. 이처럼『강도지』는 지금까지 통설로 받아들여지고 있는 해안 외성의 존재가 처음 나타나며 강도에 외·중·내성 3개 성곽이 축조된 것으로 전한다는 점에서 주목된다. 이 같은 내용은『속수증보강도지』에서 보다 구체화되어 외성은 '環海環築', 즉 강화도 해안을 둘러서 쌓은 것으로 전하며, 중성의 성벽 노선과 성문의 위치와 명칭을 구체적으로 기록하였다. 그러나『강도지』이후에 제작된『강화부지』와『대동지지』에는 강도의 외성을『강도지』에서 중성으로 비정한 강화읍 외곽토성을 지목하고 있어 차이를 보인다.

하지만 강도의 궁성에 관한 기록은 조선시대 문헌에도 확인되지 않는다. 개경 궁성의 정문인 昇平門이 강도에도 있었던 것으로 보아[11] 궁성이 존재하고 있었던 것은 분명해 보이지만 그 실체를 확인할

---

10) 현재 강화읍 외곽에는 읍내를 중심으로 환축한 토성이 남아 있다. 조선시대 읍지에 기록된 장령의 성문현 또는 대문현 혹은 부 남쪽에 있다는 옛 성터는 바로 이 토성을 가리키는 것이다. 뒤에서 설명하겠지만 이 토성은 그동안 강도의 중성으로 인식되면서 현재 '고려중성'으로 불리고 있지만 이 토성이 과연 강도의 중성인지에 대해서는 검토가 필요하다. 따라서 여기에서는 우선 토성의 성격을 배제하고 강화읍 외곽토성으로 부르고자 한다.

11) 『高麗史』권25, 世家25 元宗 원년 3월, "…王與束里大同舟渡海 自承平門入闕 命宰臣告于 景靈殿".

수 있는 내용은 전하지 않는다. 다만 〈표 2〉와 같이 궁궐의 위치에
관해서 단편적인 기사가 전한다.

『고려사』와 『세종실록지리지』, 『신증동국여지승람』에는 공통적으
로 강도의 궁궐터가 '강화부 동쪽 10리 송악리'에 있다고 기록되어
있다. 『강도지』에는 강도의 궁궐을 '造山坪宮闕'로,12) 「강도부지」는 옛
궁성이 "松嶽 동쪽에 있으며 관아의 동남쪽 정자산 바깥에 옛 고려궁터
[麗宮故址]가 있다"고 전한다. 『강도지』와 「강도부지」의 궁궐에 관한
기록은 앞선 시기의 자료에 전하는 내용과 비교할 때 조금씩 차이가
있지만 강도의 궁궐이 강화부 동쪽에 있었던 것으로 서술된다는 점에서
같은 맥락에 있다고 하겠다.

조선시대 강화부의 치소는 오늘날 강화읍 관청리에13) 있었기 때문에
위의 기록으로만 본다면 강도의 궁궐은 강화읍에 있는 정자산(지금의
견자산) 동쪽 어딘가에 자리했던 것으로 볼 수밖에 없다. 뒤에서 구체적
으로 살펴보겠지만 이 경우 강화읍 관청리에 있는 사적 제133호 고려궁
지는 강도 궁궐과 관련이 없는 곳이 된다.

〈표 2〉 강도 궁궐 위치 관련 기사

문헌명	내용
『高麗史』	· 강화 도호부 동쪽 10리 송악리에 고궁터가 있다.
『世宗實錄地理志』	· 강화 도호부 동쪽 10리 송악리에 고궁터가 있다.
『新增東國輿地勝覽』	· 고궁터가 송악리에 있다. 부에서 거리가 동쪽으로 10리다.
『江都志』	· 造山坪宮闕 고려 고종 임진년에 입도하여 갑오년에 지었다.
『餘地圖書』「江都府志」	· 고궁성 : 송악 동쪽에 있다. · 麗宮故址 : 관아의 동남쪽 정자산 밖. 지금은 밭이 되었으나 건물터와 기와편이 많다.

12) 조산평은 오늘날 견자산과 갑곶 사이를 일컫는 옛 지명이다.
13) 현재 강화읍 관청리의 '고려궁지'는 강화부의 치소가 있던 곳이다.

지금까지 여러 문헌에 전하는 강도 성곽의 규모와 위치를 정리해보면 〈표 3〉과 같다. 여기에서 주목되는 것은 외성의 위치에 대한 기록이 크게 두 가지로 나뉜다는 점이다. 『강도지』와 『속수증보강도지』에서는 해안 제방을 외성으로 보고 특히 후자에서는 외성의 범위를 강화도 해안가를 둘러싼 것으로 전한다. 반면 『강화부지』와 『대동지지』에서는 외성을 강화읍 외곽토성으로 기록하고 있어 어느 쪽을 선택하느냐에 따라 강도의 성곽체제는 크게 달라진다.

〈표 3〉 문헌별 강도 성곽의 위치와 둘레

문헌명	외성		중성		내성	
	위치	둘레	위치	둘레	위치	둘레
『高麗史』	·	·	·	2,960間	·	·
『新增東國輿地勝覽』	·	37,076척	·	·	·	3,874척
『江都志』	포변장제 (해안가)	37,076척	강화부 남쪽		·	3,874척
『餘地圖書』 「江都府志」	·	37,076척	·	·	·	3,874척
『江華府志』	강화부 남쪽	16,055척	·	·	·	3,874척
『大東地志』	강화부 남쪽	·	·	·	미상	·
『續修增補江都誌』	환해환축 (강화도 삼면 해안)	·	강화읍 외곽	·	·	·

그런데 여기서 『고려사』와 『신증동국여지승람』 등 앞선 시기의 문헌에는 기록되지 않았던 강도 성곽의 구체적인 위치가 조선 후기 읍지에 어떻게 등장할 수 있었는지 의문이 생긴다. 외성과 중성의 위치를 처음으로 전하고 있는 『강도지』는 1696년(숙종 22)에 간행된 것이다.

뒤에서 살펴보겠지만 이때는 조선 왕실의 보장처로 강화도의 방비를 강화하는 과정에서 둔전 확보를 위한 해안 간척이 이루어지고, 간척으로 형성된 해안선을 바탕으로 외성이 건설된 시점이다. 따라서 강도시기에 해안 외성이 있었다고 하더라도 17세기 말에는 흔적이 남아있지 않았기 때문에[14] 강도의 외성을 어떠한 근거로 해안 제방으로 파악했는지 분명치 않다.

외성이 해안 제방을 의미하는지 아니면 강화읍 외곽토성인지를 판단하는 문제는 강도 성곽체제를 복원하는 데 있어서 가장 중요한 부분이다. 때문에 조선시대 읍지와 지지에 전하는 강도시기 성곽 위치에 관한 기록에 대해서는 세밀한 검토가 필요하다.

이와 관련하여 조선 후기 문헌에 전해지는 강도 성곽에 대한 기록을 보면『신증동국여지승람』이 중요한 '참고문헌'이 되었던 것을 알 수 있다.『강도지』에서 외성 둘레는『신증동국여지승람』에서의 그것과 같고, 내성은 위치에 대한 언급이 없으면서도 규모는 여지승람의 기록과 같다. 반면 중성을 강화읍 외곽토성으로 전하면서도 규모는 기록하지 않았다.『여지도서』에서도 외성과 내성의 둘레는 여지승람과 같고,『강화부지』에서는 외성의 길이가 차이는 있지만 내성의 규모는 동일하다. 이처럼 여러 읍지에서 전하는 각 성곽의 위치가 다름에도 불구하고 성의 규모는『신증동국여지승람』의 기록과 같다는 것은 편찬 과정에서 선대의 자료를 그대로 옮겨 적었음을 보여 준다고 하겠다.

『신증동국여지승람』을 비롯한 조선시대 지리지는『고려사』에는 없는 강도 성곽의 규모와 위치와 같은 구체적인 정보를 담고 있다는 점에서 유용한 자료임에 틀림없다. 그러나 이미 살펴본 것처럼 이러한

---

14)『肅宗實錄』권11, 肅宗 7년 5월 21일 계유, "…고려 때에는…섬을 둘러 장성이 있었으나, 지금은 안팎으로 모두 성이 없으니…"

기록을 그대로 믿기는 어렵기 때문에 조심스러운 해석이 요구된다. 특히『신증동국여지승람』이후의 문헌 자료는 보다 면밀한 검토가 필요하다고 하겠다.

요컨대 강도의 성곽에 대한 기록은 매우 단편적이며 조선시대 지리지에 전하는 성곽의 위치도 문헌마다 차이가 있어 혼란스럽다. 또, 궁성과 내성의 존재 여부나 실체를 파악할 수 있는 기록이 없어 문헌을 통해 강도 성곽체제를 이해하는 데에는 한계가 있음을 알 수 있다.

2. 여러 견해

1) 성곽체제

지금까지 강도 성곽 연구의 핵심은『고려사』에서 전하는 외·중·내성의 위치와 성격을 밝히는 것이었다.

강도 성곽에 대해 처음으로 의견을 제시한 것은 이마니시 류(今西龍)이었다. 그는 외성을 수 백리에 걸쳐 바닷가를 따라 환축했다는 기록은 인정하지 않았고 강화산성을 중성으로, 강화읍 외곽토성을 외성으로 비정하였다.[15)]

강도 성곽의 위치를 보다 구체적으로 비정한 것은 이병도였다. 그는 『고려사』의 내성은 강화산성을 가리키는 것으로 보았고 중성은 강화읍 남쪽의 선원면 대문현과 북쪽 옥림리 일대에 위치한 토성(강화읍 외곽토성)으로 비정하였다. 외성은 강화 동쪽 해안과 삼성리, 삼동암리 일대에 위치한 토루로 보았는데 이렇게 보면 외성은 강도의 동쪽과

---

15) 朝鮮總督府, 1916,『大正五年度古蹟調査報告』, 222~227쪽.

남쪽을 둘러싼[圍繞] 형태가 된다.[16] 그러나 외성의 구체적인 범위는 언급하지 않았다. 그리고 궁성은 별도로 존재하는 것으로 보았다.

김상기는 내성에 대해서는 구체적인 범위는 말하지 않았지만 궁성을 의미하는 것으로 보았다. 중성과 외성은 이병도가 각각 내성과 중성으로 보았던 강화산성과 강화읍 외곽토성으로 비정하였다.[17] 이병도가 주장한 해안 외성에 대해서는 염하변의 방어를 위해서 해안 일대에 제방을 쌓아 방어하였을 것으로 보았지만 성곽체제에는 포함시키지 않았다.

윤용혁은 기본적으로 이병도와 같은 견지에 있지만 내성의 성격과 외성의 범위에 대해서는 견해 차이가 있다. 그는 내성이 강화산성 안쪽에 위치한 것으로 보았고 이를 궁성으로 파악하였다. 내성은 지금의 고려궁지를 중심으로 축조되어 있었을 것이며 성벽 일부가 강화산성과 중첩이 되었을 것으로 보았다. 또, 내성의 규모를 구체적으로 제시하였다.『강화부지』에 강화산성 축조 이전의 강화부성을 나타내는 '舊城'이 내성을 의미하는 것으로 파악하고, 옛 강화부성의 둘레 1,658보를 참고하여 내성의 둘레는 약 2km 내외였을 것으로 추정하였다.[18] 그러면서『고려사』에 내성의 축조기록이 없는 이유로 궁성의 건설이 궁궐 조영의 일환으로 이루어졌기 때문이라고 보았다. 중성과 외성은 이병도와 같이 각각 강화읍 외곽토성과 강화 동쪽 해안을 따라 환축한 해안 토루로 보았다. 중성은 강도의 도성으로 파악하였다. 외성은 월곶리에서 시작해 해안을 따라 이어지다가 화도돈대 부근에서 서쪽으로 꺾여 혈구진성으로 연결된다고 보았다.[19]

---

16) 이병도, 1948,『고려시대의 연구』, 을유문화사, 276~277쪽.
17) 김상기, 1948, 앞의 책, 128쪽.
18) 윤용혁, 2005, 앞의 글, 208~209쪽.

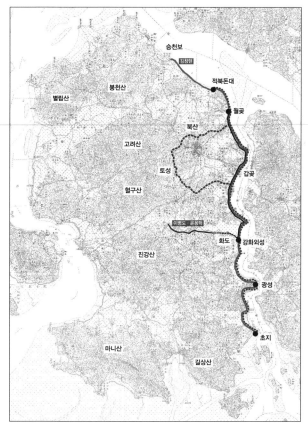

연구자별 강도의 성곽체제

　김창현도 외성과 중성을 각각 해안 제방과 강화읍 외곽토성으로
파악하였다. 그는 『동국이상국집』의 "해변에 새로 성을 쌓았는데 그
장관이 구경할 만하다."라던지, 『보한집』의 "공이 新都에 강을 따라
성을 둘러 쌓았다[沿江環堞]."라는 기록이 해안 외성을 묘사하는 것으로

─────────────────────
19) 윤용혁, 2005, 앞의 글, 214쪽. 윤용혁은 처음에는 외성이 강도의 동쪽과 남쪽을
　　 환축한 것이 아니라 강화도 北岸의 승뢰리에서부터 동쪽 해안을 따라 남쪽의
　　 덕성리 일대까지 연결되는 것으로 보았으나(윤용혁, 2002, 「고려시대 강도의
　　 개발과 도시정비」, 『역사와 역사교육』 7, 20~30쪽) 이후 의견을 수정하였다.

보았다.[20] 외성은 북쪽으로는 승천포부터 남쪽의 초지 일대까지 강화도 북쪽과 동쪽 해안을 따라 존재했던 것으로 보았다. 그러나 내성은 실제로 건설된 성곽이 아니라 중성을 가리키는 것으로 이해하였다. 『고려사』에 외성과 중성의 축조기록은 있지만 1259년(고종 46) 파괴된 성곽 가운데 중성이 없는 것은 내성이 중성을 의미하기 때문인 것으로 파악히였다. 그의 견해에 따르면 강도의 성곽은 궁성과 중성(=내성), 해변 외성으로 구성된다. 한편『신증동국여지승람』의 내성과 외성의 의미에 대해 내성은 규모로 볼 때 궁성을 의미하는 것으로 보았다. 또, 외성은 둘레 37,076척이 '중성', 즉 강화읍 외곽토성의 길이와 유사하기 때문에 중성을 의미한다고 하였다. 그러면서『신증동국여지승람』에서 궁성과 중성을 각각 내성과 외성으로 표기한 것은 기록자의 착각 혹은 오기로 보았다. 이 밖에 구체적으로 주장하지는 않았지만 윤용혁이 내성을 가리키는 것으로 보았던『강화부지』의 '舊城'은 궁성과 중성 사이에 또 다른 성곽의 존재를 암시하는 것으로 보았다. 개경처럼 강도에도 황성이 존재했을 가능성이 있다는 것이다.[21] 이에 따르면 강도의 성곽체제는 궁성-황성-중성(내성)-외성으로 구성된다.

신안식은 앞에서 살펴본 연구자들과는 다소 상반되는 견해를 제시하였다. 그는 외성을 해안 제방으로 보는 견해에 이의를 제기하고 구체적인 유적을 언급하지는 않았지만 외성은 강도를 환축한 성곽이었을 것으로 보았다. 좀 더 구체적으로 살펴보면 외성을 해안 방어선으로 보는 견해에 대해 강화 동쪽 해안은 전략상 방어시설이 필요한 것은 사실이지만 성곽이 아니라『고려사』의 "沿江堤堰을 추가로 쌓았다"는 기록에서 보이는 제방을 해안 방어선으로 활용했을 것으로 여겼다.

---

20) 『東國李相國集』 권2, 次韻李平章後吳前詩見寄 ;『補閑集』中卷.
21) 김창현, 2004, 앞의 글, 152~159쪽.

해안 제방은 방어선일 뿐이지 성곽이 아니라고 보았던 것이다. 그는
전시 초기에 궁궐을 비롯한 국가의 핵심시설을 보호하는 동시에 수도의
상징성을 보여주는 도성이 없었다는 것은 납득하기 어렵기 때문에
천도 초기에 축조된 외성은 바로 강도의 도성이라고 보았다. 외성은
개경의 나성과 같은 성격으로 강도의 행정구역의 설치와 도성 운영의
기준이 되었을 것으로 보았다. 외성이 해안가에 있지 않다는 점에서
그의 견해는 김상기와 같다. 한편 내성의 성격에 대해서는 김창현과
같은 견지에 있다. 그는 1259년(고종 46) 내성이 파괴된 이후에도 강도
궁궐의 문 이름이 기록에 등장하고 있기 때문에 궁성은 파괴되지
않았던 것을 알 수 있고, 궁성을 내성으로 부르는 경우도 없기 때문에
내성과 궁성은 다른 존재라고 보았다. 따라서 1259년에 파괴된 내성은
궁성이 아니라 1250년(고종 38)에 축조된 중성을 가리키는 것으로 판단
하였다. 다만 중성의 구체적인 위치와 범위에 대해서는 견해를 제시하
지 않았다.[22]

그동안의 강도 성곽에 대한 견해를 종합해 보면 〈표 4〉와 같다.

〈표 4〉 연구자별 강도 성곽체제에 대한 견해

구분	외성	중성	내성	궁성	비고
이병도	해변 토루	부 남쪽 (강화읍 외곽토성)	강화산성	궁성	4성 외성-중성-내성-궁성
김상기	부 남쪽 (강화읍 외곽토성)	강화산성	내성=궁성		3성 외성-중성-궁성(내성)
윤용혁	해안 제방	부 남쪽 (강화읍 외곽토성)	내성=궁성		3성 외성-중성-궁성(내성)

---

22) 신안식, 2009, 앞의 글, 44~55쪽 참조.

| 김창현 | 해안 제방 | 강화읍 외곽토성
(중성=내성) | 궁성 | 3성
외성-중성(내성)-궁성 |
| 신안식 | 환축 외성 | 위치언급 없음
(중성=내성) | 궁성 | 3성
외성-중성(내성)-궁성 |

이에 따르면 강도에는 3~4개의 성곽이 존재했던 것으로 이해되고 있음을 알 수 있다. 강도에 축조되었던 성곽의 수는『고려사』에 축성기록이 없이 파괴된 사실만 전하고 있는 내성을 어떻게 보느냐에 따라 달라진다. 내성을 외성과 중성 이외에 실제 축조되었던 성곽으로 볼 경우 강도의 성곽 수는 4개가 되며, 강도의 다른 성곽을 가리키는 것이라면 3개가 된다.

여기서 전자에 해당하는 것이 이병도의 견해인데 그는 내성을 지금의 강화산성으로 파악함으로서 강도의 성곽체제가 외성-중성-내성-궁성으로 구성된 것으로 보았다. 반면 이병도를 제외한 연구자들은 내성을 실제로 축성되었던 성곽이 아니라 궁성 또는 중성을 지칭하는 용어로 보고 있다. 그런데 이병도가 내성으로 인식한 강화산성은 조선후기에 축성된 것이기 때문에 강도시기 내성과는 직접적인 연관이 없을 가능성이 높다. 따라서 지금까지 연구결과로 본다면 내성은 별개의 성곽이 아니라 중성 혹은 궁성을 가리키는 명칭일 가능성이 높다. 따라서 강도의 성곽은 외성-중성-궁성(내성) 또는 외성-중성(내성)-궁성의 체제로 이루어졌던 것으로 추정해 볼 수 있다.[23]

이렇게 되면 강도의 성곽체제를 파악하는 데 있어 가장 중요한 것은 이미 말했듯이 외성을 어떤 성곽으로 보느냐가 된다. 즉, 외성이

---

23) 고려시대 성곽은 단일 성곽 혹은 내성과 나성 등 2중성으로 이루어진 경우가 많았는데 일반적인 주현의 성곽은 단일 성곽이 많았던 것으로 알려져 있다. 3개의 성곽으로 이루어진 경우는 개경과 서경이 유일하다(신안식, 2000,「고려전기의 축성과 개경의 황성」,『역사와 현실』38, 15~16쪽).

해안 토루 또는 제방인지 아니면 강화읍 외곽토성인가 하는 문제인데, 어느 것을 선택하느냐에 따라 강도의 성곽체제는 크게 달라진다. 지금까지 일부 반론이 제기되기는 했지만 외성을 해안 제방으로 보는 견해는 통설로 받아들여져 왔고, 이를 반영하듯 강화읍 외곽토성은 현재 '고려중성'으로 불리고 있다.

그런데 해안 제방을 외성으로 보더라도 성의 범위에 대해서는 의견이 다르다. 이병도와 윤용혁은 외성이 강화도 동쪽 해안 일부 구간을 따라 강도를 감싸는 구조로 파악하였고, 김창현은 강화도 북쪽과 동쪽 해안을 따라 외성이 이어지는 것으로 본다. 만일 강도시기에 이러한 외성이 실제로 존재했다면 강도 외성의 규모는 조선시대 외성을 능가하게 된다.

강도시기 해안 외성의 존재는 그동안 별다른 문제의식 없이 받아들여져 왔다. 그러나 외성에 관한 내용은 문헌마다 조금씩 다르게 전해질 뿐 아니라 그 근거 또한 분명치 않다. 해안 외성의 위치와 범위에 대한 연구자들의 의견이 엇갈리고 있는 것도 이 때문이다. 이는 결국 해안 외성과 관련된 기록과 이를 바탕으로 한 그동안의 주장에는 검토의 여지가 있다는 것을 보여준다. 아울러 그동안 강도의 중성이면서 도성으로 인식되어 온 강화읍 외곽토성은 축조 시기나 구조적 특징에 대해서 구체적으로 검토된 바 없다. 만일 이 토성이 강도시기에 축성된 것이 아니라면 강도의 성곽체제는 다시 재구성되어야 하기 때문에 이에 대한 고고학적 검토가 필요하다.

2) 궁궐의 위치

강도 궁궐의 위치를 처음 언급한 것도 이마니시 류(今西龍)였다. 그가 구체적으로 궁궐의 위치를 지목한 것은 아니었지만 고려의 '國都'가 지금의 부성(강화산성)의 중심에 자리하고 있었던 것으로 보았다.[24] 이는 당시 강화의 치소가 현재의 고려궁지에 위치하고 있었기 때문에 암묵적으로 송악산 일대에 궁궐이 있었던 것으로 보았음을 알 수 있다. 박헌용은 『속수증보강도지』에 "신궁(궁궐)이 북산(송악산)아래에 설치하였으며 송악산 남쪽에는 옛 건물의 흔적이 많고 개경 만월대와 흡사하다"고 하여 좀 더 구체적으로 송악산 남쪽을 궁궐터로 비정하였다.[25]

그런데 강도의 궁궐터를 지금의 고려궁지로 구체화시킨 것은 이병도였다. 그는 『고려사』에 전하는 "강도의 궁궐터가 강화도호부 동쪽 10리에 있다"는 기사와 관련해 『신증동국여지승람』의 기록에 주목했다. 여지승람의 고적조에 강도 궁궐이 부의 동쪽 10리 송악리에 있다고 하면서 같은 자료 산천조에는 송악산이 부의 북쪽 1 리에 있다는 서로 엇갈린 내용을 전하는 점을 들어 관련 내용의 신빙성을 부정하였다. 하지만 '府東 十里'의 기록이 등장한 이유에 대해서는 언급하지 않았다. 또, 『강도지』와 『여지도서』에서 궁궐이 있었던 곳으로 전하고 있는 정자산(견자산) 바깥쪽은 궁궐이 들어서기에는 방어적 측면에서 적합하지 않은 곳으로 보았다. 그러면서 그는 강화 북산의 옛 이름이 송악산 이라는 점에 주목하였다. 강화의 송악산은 개경의 송악산에서 이름을 딴 것이며 산 아래의 형세도 개경의 만월대와 매우 흡사하다고 보았

---

24) 朝鮮總督府, 1916, 앞의 책, 226쪽.

25) 『續修增補江都誌』 古蹟.

다.[26] 이병도는 강화 송악산 아래 지역이 개경 만월대의 지형과 유사함을 근거로 고려궁지를 강도의 궁궐터라고 확신하였던 것이다. 김상기도 여기에 동의하면서[27] 지금의 '고려궁지'는 강도의 궁궐터로 인정받게 되었고 그 결과 1964년 사적으로 지정되었다.

후학들의 견해도 이와 크게 다르지 않다. 윤용혁은 조선시대 문헌에 기록된 궁궐의 위치가 고려궁지와 배치되는 점 그리고 고려궁지를 강도의 궁궐터로 볼 수 있는 실증적 자료가 아직 없다는 것을 인정하였다. 그러나 논란의 여지는 있지만 고려궁지의 지형 조건과 입지가 개경 만월대와 유사하다는 점을 고려할 때 현재 고려궁지 이외의 지역에서 왕궁의 위치를 찾기는 어렵다고 하였다.[28]

그는 좀 더 구체적으로 문헌적 근거를 제시함으로서 기존 견해를 보강하였다. 강도의 궁궐이 강화부 동쪽 10리에 있었다는 기록을 전하고 있는『고려사』와『세종실록지리지』가 편찬된 당시에는 강화부의 치소가 강화읍 관청리가 아니라 강화읍 서쪽의 고려산 기슭에 있었기 때문에 자연스럽게 고려궁지에 있는 궁궐터를 부에서 동쪽으로 10리에 있는 것으로 기록하게된 것으로 보았다.[29] 다만 부치가 이동된 시점이나 이유에 대해서는 별다른 견해를 제시하지 않았다. 그리고『신증동국여지승람』산천조에는 강화부 북쪽 1리에 송악산이 있다고 기록한 것으로 보아 16세기 전반에는 강화부의 치소가 지금의 강화읍으로 이전된 것으로 판단하였다. 한편 정자산 동쪽에 궁궐터가 있다는 「강도

---

26) 이병도, 앞의 책, 276~277쪽.
27) 김상기, 1961, 『고려시대사』, 동국문화사.
28) 윤용혁, 2002, 앞의 글, 15쪽.
29) 고려산과 혈구산 사이의 고천리가 沁州古邑墟, 즉 강화의 옛 고을터로 전하고 있는데(『續修增補江都誌』 古蹟) 윤용혁은 이 기록을 근거로 이곳에 강화부가 자리했던 것으로 보았다.

부지」의 기록에 대해서는 강도의 이궁 또는 기타 건축물의 흔적으로 간주하였다.[30]

김창현도 강도의 궁궐이 '고려궁지'에 자리 잡은 것은 분명한 사실로 인식하였다. 다만 현재 사적으로 지정된 고려궁지의 협소함을 지적하면서 이곳은 궁궐의 제1정전이 자리 잡았던 곳이며 고려궁지의 남쪽과 서쪽의 궁골 일대까지 궁궐 건물이 들어서 있었던 것으로 보았다.[31] 또, 강도의 궁궐터가 강화부 동쪽 10리에 있다는 기록에 대해서는 강화부의 위치가 지금보다 서쪽에 위치했던 것에서 비롯된 것이라는 윤용혁의 의견에 동의하였다. 그러면서 치소가 강화읍 관청리에 있었던 시기에도 비슷한 내용의 기록이 계속 등장하는 것은 읍지를 발간하면서 앞선 시기의 기록을 그대로 따랐기 때문인 것으로 보았다.[32] '고려궁지' 발굴조사에서 궁궐로 볼 수 있는 증거가 나타나지 않은 이유에 대해서는 경사지를 평탄하게 하기 위해 생토층까지 파서 기초를 조성했기 때문이라는 조사단의 의견에[33] 동조하면서 '고려궁지'가 강도의 궁궐터라는 주장에 확고한 지지를 분명히 했다.

한편 김기덕은 풍수지리적 관점에서 개경과 강도 궁궐터의 풍수지리적 요소를 비교하여 '고려궁지'가 강도의 궁궐터로서 적합하다고 주장했다. 아울러 강화로 천도하면서 궁궐을 급박하게 건설하였지만 개경 궁궐의 입지 조건과 매우 유사한 곳을 선정한 것으로 보아 천도 이전부터 도성을 건설할 지역에 대한 사전조사가 있었을 것으로 보았다.[34]

---

30) 윤용혁, 2002, 앞의 글, 16~17쪽.
31) 김창현, 2005, 「고려시대 강화의 궁궐과 관부」, 『국사관논총』 106, 234쪽.
32) 김창현, 2005, 위의 글, 233쪽.
33) 한림대학교박물관, 2003, 『조선궁전지 발굴조사 보고서』.
34) 김기덕, 2009, 「강도 궁궐의 입지와 개경 궁궐의 풍수 비교」, 『강화 고려궁지 학술조사 학술발표회 자료집』, 강화문화원, 20~26쪽.

이처럼 강도 궁궐의 위치에 대해서는 성곽과는 달리 '고려궁지'가 궁궐터였다는 데 의견이 일치하고 있다. 그러나 고려궁지와 인접지역에 대한 7차례의 발굴조사에서 고려 궁궐과 연관시킬 수 있는 뚜렷한 자료가 확인되지 않은 점은 강도의 궁궐터로서 '고려궁지'의 입지를 좁히고 있다.[35]

개경으로 환도한 지 20년 뒤인 1290년(충렬왕 16) 哈丹賊의 난을 피해 충렬왕이 강화로 피난하면서 머문 곳이 궁궐이 아니라 선원사였던 점을 볼 때[36] 강도의 궁궐은 환도이후 급속히 퇴락했음을 짐작할 수 있다. 따라서 지금의 '고려궁지'에 실제로 궁궐이 존재하고 있었더라도 수백 년 동안 상당 부분이 훼손되었을 것이고 더욱이 조선시대 그 자리에 행궁이 들어서면서 흔적이 없어졌을 가능성도 배제할 수 없다. 그러나 문헌에 나타난 강도 궁궐의 축조 과정이나 전각의 수를 고려하면 지금까지 흔적이 확인되지 않은 이유를 단순히 후대의 훼손으로만 보는 것은 무리가 있다.

강도의 궁궐은 고종이 강화에 입도하기 전인 1232년(고종 19) 6월부터 공사를 시작하였고,[37] 1234년(고종 21)에도 궁궐의 건설 기록이 있는 것으로 보아[38] 궁궐을 완성하는 데 적어도 2년 이상의 기간이 소요되었던 것으로 추정된다. 『고려사』에 따르면 승평문과 구정, 태정문, 의봉루, 정전인 선경전과 대관전, 편전인 강안전, 경령전 등 개경 궁궐의 전각이 강도에서도 상당수 확인되고 있는 것을 볼 때,[39] 궁궐의 규모는 그리

---

35) 한림대학교박물관, 앞의 책 ; 겨레문화재연구원, 2011, 『조선궁전지Ⅱ』; 겨레문화재연구원, 2012, 『강화 고려궁지 6차 발굴(시굴)조사 약보고서』; 겨레문화재연구원, 2015, 『강화 고려궁지 7차 발굴(시굴)조사 약보고서』.

36) 『高麗史』 권30, 世家 忠烈王 16년.

37) 『高麗史』 권23, 世家 高宗 19년 6월.

38) 『高麗史』 권23, 世家 高宗 21년 정월.

39) 김창현, 2004, 앞의 글, 171쪽.

고려궁지 정문 승평문

고려궁지 전경

작지 않았을 것으로 여겨진다. 개경 만월대의 면적은 약 250,000㎡, 궁성의 둘레는 약 2,170m로 알려져 있는데[40] 강도가 戰時에 급하게 건설된 것을 고려하면 강도의 궁궐 규모는 이에 미치지는 못할 것이다. 그러나 2년여의 공사 기간과 문헌에서 나타나는 전각 숫자 등을 볼 때 아주 협소하지는 않았을 것으로 생각된다. 뒤에서 살펴보겠지만 지금까지 강도의 궁성은 둘레가 약 1.2~2km 내외인 것으로 추정되고 있는데, 이를 그대로 적용한다 하더라도 현재 사적으로 지정된 고려궁지의 면적은 7,534㎡로 궁궐이 자리하기에는 지나치게 작다고 하겠다.

따라서 궁궐의 자취가 훼손되어 흔적도 없이 사라졌다고 보기 보다는 '고려궁지'가 강도의 궁궐터가 아니거나 최소한 궁궐의 중심지역이 아니었을 것으로 보는 것이 합리적일 것이다. 최근 기존의 연구자들도 '고려궁지설'의 한계를 인식하고 주변 지역으로 궁궐터의 범위를 확대해 보고 있다.[41]

3. 고고학적 조사현황

20여 년 전만 해도 강화도에서 발굴조사는 손에 꼽을 정도로 예가 많지 않았다. 이런 까닭에 강도에 대한 연구도 단편적인 문헌 자료에만 의존할 수밖에 없었다. 하지만 1990년대 후반부터 강화도에서도 각종 개발 사업이 증가하면서 발굴조사가 점차 늘어나기 시작했다. 문화재 관리와 복원을 전제로 한 학술조사도 이루어지면서 강도에 관한 고고학적 자료는 점차 증가하기 시작했다.[42]

---

40) 전룡철, 1980, 「고려의 수도 개성성에 대한 연구(1)」, 『력사과학』 2, 20쪽.
41) 윤용혁, 2010, 앞의 글, 77~86쪽.

지금까지 고려궁지를 비롯해 성곽과 왕릉, 절터에 대한 발굴조사가 이루어졌다. 강도시기에 조영된 것으로 알려진 유적 가운데 고려궁지가 가장 먼저 조사되었다. 1995년도부터 2001년까지 네 차례에 걸쳐 발굴이 이루어졌고[43] 지난 2009년 이후 주변지역을 포함해 세 차례 조사가 이루어졌다.

<표 5> 발굴 조사된 강도 관련유적 현황

종류			유적명(조사명)	조사내용	비고
궁궐			고려궁지 (조선궁전지, 1~4차)	조선시대 건물지6기, 외규장각터 확인	한림대박물관(2003)
			고려궁지 (조선궁전지Ⅱ, 5차)	조선시대 건물지 3기, 담당지 3기	겨레문화유산연구원 (2011)
			고려궁지(6차)	조선시대 추정건물지, 축대 담장	겨레문화유산연구원 (2012)
			고려궁지(7차)	조선시대 추정 담장 석렬	겨레문화유산연구원 (2015)
건물지	강화읍		강화 관청리 유적 (관청리 405번지)	건물지 1기, 배수로 21기, 석렬 3, 석곽 1	한강문화재연구원 (2009)
			강화 성광교회~동문간 도로개설구간 내 유적 (관청리659-2번지)	고려시대 건물지 2기, 고려~ 조선 건물지 1기, 고려~조선 시대 수로 1기, 조선시대 담 당지 1기	한국문화유산연구원 (2011)
			강화 관청리 향교골 유적	고려시대 건물지 3기	서경문화재연구원 (2012)
			강화 관청리 163번지 유 적	고려건물지 2기 (1호는 정면 6칸, 측면 4칸)	한국문화유산연구원 (2015)
			강화군청길 노외주차장 부지(관청리145번지) 유적	축대, 배수로, 석조유구, 보도 등	계림문화유재연구원 (2012)

42) 강도시기뿐만 아니라 강화도에 대한 고고학적 조사는 학술적 가치에 비해 전반적으로 부족하다.

43) 한림대학교박물관, 앞의 책.

		강화 대산리 유적	고려시대 건물지 5기	중원문화재연구원 (2011)
성곽	외곽	강화 옥림리 유적	고려시대 건물지 13기, 고려시대 담장2기	중원문화재연구원 (2012)
		강화 신봉리·장정리 유적	고려시대 건물지 7기, 건물지군 2개	중원문화재연구원 (2013)
		강화 신정리 572-29번지 유적	고려시대 건물지 2기, 축대, 배수로	한국문화재보호재단(2013)
		강화 일반산업단지(월곶리) 부지내 유적	고려시대 건물지 7, 조선시대 건물지 3 등	국방문화재연구원 (2014)
	강화읍 외곽토성	강화 중성 유적	강화읍 외곽토성 신정리구간	인하대박물관(2011)
		강화 옥림리 유적	강화읍 외곽토성 옥림리구간 고려시대 건물지 13기, 고려시대 담장 2기	중원문화재연구원 (2012)
	강화외성	강화전성	오두돈대 부근 강화외성(전성) 시굴	선문대박물관 (2002)
		강화 통제영학당지 및 진해루지 유적	강화외성 문루(진해루)터, 강화외성 성벽 조선시대 통제영학당지	불교문화재연구소 (2008)
		강화 월곶진지	조선시대 문루(조해루)터 1기, 축대 3기, 건물지 2기, 강화외성 성벽	국립문화재연구소 (2010)
		삼동암천 문화재 시굴조사	흔적 없음	서해문화재연구원 (2013)
		강화외성 내 강화전성 구간 발굴조사	전성 단면 조사(고려시대 흔적 미확인)	한울문화재연구원 (2014)
		강화외성 주변 공중화장실 신축부지내 유적 발굴조사	조선시대 토축 외성 흔적	한국고고인류연구소 (2015)
		강화외성 덕진진 북측 성벽구간유적 시굴 및 발굴조사	조선시대 석축 및 전축 외성	한울문화재연구원 (2015)

강화산성	강화산성 동문지 유구조사	강화산성 동문지 유구, 강화산성 축조이전 석렬유구 1기	명지대학교 부설 한국건축문화연구소 (2003)
	강화산성 남문지 주변인 도개설구간 내 시굴조사	강화산성 남문부근 성벽 기단부 확인	인하대박물관 (2006)
	강화산성 동문 주변 긴급보수공사 구간 내 시굴조사	강화산성 동문주변 성벽 기단부 확인	인하대박물관 (2006)
	강화 서문~진고개간 도로확포장 구간 내 발굴조사	강화산성 서문주변 성벽 기단부 확인	한국문화유산연구원 (2010)
	강화산성 남장대지 유적	강화산성 남장대 건물지 1기 남장대 인접 성벽 절개조사	한울문화재연구원 (2011)
	강화 북장대지 발굴조사	삼국~조선시대 축대 5기, 조선시대 석축 1기	국립문화재연구소 (2012)
왕릉	석릉	고려 희종 석릉 석실 및 능역	국립문화재연구소 (2002)
	가릉	고려 원종 비 순경태후 석실 및 능역	국립문화재연구소 (2007)
	곤릉	고려 강종 비 원덕태후 석실 및 능역(정자각터)	국립문화재연구소 (2007)
	능내리 석실분	석실 및 능역(정자각터)	국립문화재연구소 (2007)
분묘	강화 창후리 청소년유스호스텔 부지 내 유적	고려~조선시대 토광묘 49기, 석곽묘 4기, 회곽묘 5기, 석렬유구 1기, 담장유구 1기	인천시립박물관 (2008)
	강화 대산리 유적	석곽묘 1기, 토광묘 2기	중원문화재연구원 (2011)
	강화 옥림리 유적	13세기 전반 토광묘 1기	중원문화재연구원 (2012)
사원	선원사지	건물지 21개소	동국대박물관 (2003)
	선원사지 남서측	축대 2개소, 건물지 2개소 등	한울문화재연구원 (2015)

고려궁지 발굴조사는 당초 궁지 내에 있던 조선시대 외규장각 복원을 위한 자료 확보를 위해 시작되었다. 그런데 조사과정에서 강도 궁궐과 관련된 흔적이 확인되지 않았다. 앞에서 보았듯이 지금까지 고려궁지는 강도의 궁궐터로 인식되고 있었기 때문에 이와 같은 조사결과는 적지 않은 논란을 불러일으켰다. 그럼에도 불구하고 고려궁지가 강도 궁궐의 중심이었을 것이라는 인식은 여전히 유효하다. 그렇지만 '고려궁지' 발굴조사는 단편적인 문헌기록과 개경과의 비교, 지형조건에 따른 추정을 바탕으로 한 그동안 강도 연구의 한계를 분명하게 보여주는 계기가 되었다.

최근에는 강화읍 관청리 일대에서 강도시기로 파악되는 유적들이 새롭게 확인되었다. 건물 신축과 도로 개설 등에 앞서 진행된 발굴조사에서 당시 건축물의 흔적이 발견되었는데 강화읍 일대에서 처음으로 강도시기의 유적이 발견되었다는 점에서 주목을 받고 있다.

지금까지 이 일대에서 확인된 유적은 모두 5개소이다. 고려궁지 남서쪽에서는 성광교회~동문간 도로 개설 구간내(관청리 659-2번지) 유적,[44] 궁지 서쪽에는 향교골 유적이 조사되었다.[45] 궁지 남쪽에는 용흥궁 주차장 부지의 관청리 유적,[46] 남동쪽에는 강화군청 별관부지(관청리 163번지)와 노외주차장 부지(관청리 145번지)에서 강도시기의 유구가 발견되었다.

관청리 659-2번지에는 고려~조선시대 건물지 4기가 조사되었는데 이 가운데 1, 2호 건물지가 강도시기에 해당한다. 특히 1호 건물지는 회랑 건축물로 확인되었다. 향교골 유적에서는 3기의 건물지가 조사되

---

44) 한국문화유산연구원, 2011,『강화 성광교회~동문간 도시계획도로 개설공사구간 내 정밀발굴조사 약보고서』.
45) 서경문화재연구원, 2012,『강화 관청리 향교골유적』.
46) 한강문화재연구원, 2009,『강화 관청리유적』.

었는데 모두 강도시기에 축조된 것으로 파악되었다. 건물지에서는 양질의 청자와 벼루, 소형 금동불상이 출토되어 일반적인 건축물은 아니었음을 알 수 있다. 한편 관청리 유적에서는 건물지 1동과 배수로 21기 등이 확인되었으나 교란이 심해 유적의 성격은 파악되지 않았다. 하지만 13세기에 제작된 양질의 청자가 다량 출토되면서 이 일대가 강도의 중심지역이었음이 확인되었다. 이 밖에 강화군청 별관부지에서는 건물지 2기가, 노외주차장 부지에서는 축대와 배수로 등이 조사되었다.[47]

이상의 유적이 위치한 곳 가운데, 특히 고려궁지 남서쪽 일대는 그동안 고려궁지가 궁궐의 중심이라는 것을 전제로 궁궐의 범위로 주목받아온 곳이기도 하다.[48] 뒤에서 살펴보겠지만 659-2번지 유적과 향교골 유적에서 궁궐과 관청, 사원 등에서 보이는 회랑 건축물이 확인되고, 양질의 청자가 출토되는 것으로 볼 때 강도의 궁궐이 '고려궁지'가 아니라 그 주변에 자리했을 가능성을 시사하고 있다. 향후 이 일대에 대한 정밀 조사가 이루어진다면 지금까지 실체가 드러나지 않고 있는 강도의 도시 구조를 밝힐 수 있을 것으로 기대된다.

한편 강화읍 외곽의 대산리, 옥림리, 신정리, 월곳리 그리고 하점면 신봉리와 장정리 등에서도 강도시기에 운영되었던 것으로 보이는 유적이 확인되었다. 각 유적에서 조사된 건물지는 입지나 규모를 볼 때 대부분 강도시기 관청이나 사찰의 흔적일 가능성이 높은 것으로 파악되었다. 이 중 신봉리·장정리 유적에서는 고려시대 건물지 7기와 건물지군 2개소가 조사되었는데 당시 강화현의 속현이었던 하음현의

---

47) 계림문화재연구원, 2014, 『강화읍 관청리 145번지 유적』 ; 한국문화유산연구원, 2015, 『강화 관청리 163번지 유적 발굴조사 보고서』.
48) 김창현, 2005, 앞의 글, 6쪽.

옥림리 건물터

치소와 관련이 있는 것으로 추정되고 있다.[49] 지금까지 강화읍 일대에서 발견된 강도시기 유적들은 당시의 공간구조를 복원하는데 유용한 자료가 될 것으로 기대된다.

성곽의 발굴도 이루어졌다. 강화읍 외곽토성의 전체구간 중 옥림리와 신정리 구간에서 조사가 이루어졌다.[50] 이 토성은 강도시기에 축조된 것으로 알려진 성곽 가운데 현재 유일하게 남아있는 유적이다. 그동안 이 토성은 강도의 중성이면서 도성으로 이해되어 왔지만 구조와 축조시기를 알 수 없었는데 최근 발굴조사로 구체적인 내용을 파악할 수 있게 되었다.

또, 조선시대에 축조된 것이지만 그동안 강도시기 성곽을 토대로

---

49) 중원문화재연구원, 2013, 『강화 신봉리·장정리 유적』.
50) 인하대학교박물관, 2011, 『강화 중성유적』 ; 중원문화재연구원, 2012, 『강화 옥림리 유적』.

건설되었던 것으로 보았던 강화외성과 강화산성에 대한 조사도 실시되었다. 강화외성은 전체 구간 중 월곶진 부근과 갑곶 진해루터 인접지점에 대한 발굴조사가 이루어졌고, 오두돈대 부근에서도 간략한 굴토조사가 실시되었다.[51] 최근에는 오두리 전성구간과 더리미, 덕진진 구간에서도 발굴 및 시굴조사가 진행되었다.[52] 강화산성은 서문과 남문, 동문 부근의 성벽 기초부 조사와 남장대지와 북장대지에 대한 조사가 진행된 바 있다.[53] 이상의 조선시대 성곽에 대한 조사는 강도의 성곽체제를 파악하기 위해 이루어진 것은 아니지만 결과적으로 강도의 성곽을 이해하는 데 있어 중요한 자료가 된다.

궁궐, 성곽과 함께 도성의 주요 구성 요소인 사찰에 대한 조사도 이루어졌다. 천도 이후 개경에 있던 사찰들이 강도로 옮겨 왔다. 고려 태조의 어진을 모신 봉은사와 팔관회를 주관하였던 법왕사 등 개경의 주요 사찰들이 강도에도 존재했던 것이 기록을 통해서 확인된다. 그런

51) 국립문화재연구소, 2010,『강화 월곶진지』; 불교문화재연구소, 2008,『강화도 통제영학당지·진해루지 유적』; 선문대학교 고고학연구소, 2002,『강화전성』지표조사보고서 ; 한국문화재보호재단, 2006,『강화외성 지표조사보고서』.

52) 한국고고인류연구소, 2015,『강화외성 주변 공중화장실 신축부지 내 유적 발굴(시굴)조사 약식보고서』; 한울문화재연구원, 2014,『강화외성 내 강화전성구간 발굴조사 학술자문회의 회의자료』; 한울문화재연구원, 2015b,『강화외성 덕진진 북측 성벽구간 유적 시굴 및 발굴조사 약보고서』.

53) 강화군·삼성건축설계사무소, 1985,『강화산성 현황 조사보고서』; 국립문화재연구소, 2012,『강화 북장대지 발굴조사보고서』; 명지대학교부설 한국건축문화연구소, 2003,『강화산성 동문지 유구조사 보고서』; 인천시립박물관, 2007b,『강화산성 지표조사보고서』; 인하대학교박물관, 2006a,『강화산성 남문지 주변 인도개설 구간 내 문화유적 시굴조사 약보고서』; 인하대학교박물관, 2006b,『강화산성 동문 주변 긴급보수공사 구간 내 문화유적 시굴조사 약보고서』; 육군박물관, 2000,『강화도의 국방유적』; 한국문화유산연구원, 2010,『강화 서문~진고개간 도로 확포장 구간내 문화유적 발굴조사 약보고서』; 한국문화재보호재단, 2005, 『강화 우체국~강화중학교간 도시계획도로 개설공사 예정구간 문화유적 발굴조사 보고서』; 한울문화재연구원, 2011,『강화산성 남장대지 유적』; 충북대학교 중원문화연구소, 2002,『한국의 근세산성-강화산성·상당산성 시굴조사 보고서』.

선원사터

데 사찰에 대한 조사는 아직 성과가 많지 않다. 지금까지 강도시기
사찰 가운데 발굴조사가 이루어진 것은 선원사지가 유일하다.[54] 개경
에 있던 절은 아니지만 1246년(고종 33) 최우의 원찰로 강도에 건설된
선원사는[55] 현재 사적으로 지정된 면적만 1만㎡가 넘는 대규모 사찰이
다.[56] 또, 이곳은 고려 대장경을 보관한 장소로 전해지고 있어 강도시기
를 대표하는 유적으로 주목 받아왔다. 1996년부터 2001년까지 4차에
걸친 발굴조사 결과 4단으로 구성된 축대 위에 건물지 21개소가 확인되
었다. 중앙의 대형건물지에는 삼존불을 지탱한 것으로 추정되는 불단
유구가 조사되었지만 탑지는 확인되지 않았다. 유적에서는 12세기

---

54) 동국대학교박물관, 2003, 『사적 259호 강화 선원사지 발굴조사 보고서』.

55) 『高麗史』 권129, 列傳42 叛逆3 崔忠獻.

56) 최근 선원사지 남서쪽 지역에서도 건물지와 기단이 확인되어 기존 조사지역보다
사역의 범위는 더 넓을 것으로 추정된다(한울문화재연구원, 2015a, 『강화 선원사지
남서측 주변지역 유적』).

후반~14세기로 편년되는 청자와 막새, 취두편 등 기와류, 소형 청동탄생불과 금동나한상 등이 출토되었다. 그런데 선원사는 여러 해 동안 발굴에도 불구하고 이곳이 선원사라는 결정적인 증거가 발견되지 않았다. 그레서 이 유적은 절터가 아니라 강도시기 이궁 가운데 하나인 신니동 가궐 터로 보는 주장이 제기되는 등 유적의 성격에 대한 논란이 이어지고 있다.[57]

한편 강화도 전역에 분포하는 절터에 대한 지표조사가 이루어져 절터의 분포 현황은 어느 정도 파악되었다. 지금까지 조사결과 강화도 부속도서를 포함해 총 46개소의 절터가 확인되었다.[58] 뒤에서 살펴보겠지만 출토유물로 보아 이 가운데 약 20여 곳이 고려시대에 운영되었던 것으로 파악된다. 강화도에 분포하는 절터의 수는 다른 지역에 비해 상당히 많은 편인데, 이는 강도시기에 많은 사원들이 세워졌음을 보여주는 예가 아닐까 한다.

강도는 한 세대가 넘는 40여 년 간 운영되었기 때문에 국왕으로부터 일반민에 이르기까지 사후의 공간인 왕릉과 분묘가 곳곳에 조성되었다.[59] 특히 강화는 공양왕릉을 제외하고 고려 왕릉을 남한에서 유일하게 만나볼 수 있는 곳이다.[60] 고종 홍릉, 희종 석릉, 강종 비 원덕태후

---

57) 김병곤, 2007, 「사적 제259호 강화 선원사와 신니동 가궐의 위치비정」, 『불교학보』 48 ; 채상식, 2009, 「강화 선원사의 위치에 대한 재검토」, 『한국민족문화』 34, 부산대학교 한국민족문화연구소.

58) 불교문화재연구소·문화재청, 2010, 『한국의 사지』 ; 인천시립박물관, 2009, 『강화의 절터 지표조사 보고서』.

59) 고려시대 무덤의 명칭에 대해서는 분묘, 무덤, 고분 등으로 다양하다. 필자는 종래에 고분이라는 용어를 사용해 왔으나 고분이 통일신라시대 이전의 지배층의 무덤을 지칭하는 의미가 강한 만큼(주영민, 2011, 『고려시대 지방분묘 연구』, 경상대 박사학위논문, 12쪽) 여기서는 분묘라는 용어를 사용하도록 하겠다.

60) 개경 주변의 왕릉의 위치는 도성의 공간적 범위를 반영하는 것으로 이해되고 있다(정학수, 2006, 「고려 개경의 범위와 공간구조」, 『역사와 현실』 59, 176쪽).

양오리 고려시대 분묘

곤릉, 원종 비 순경태후 가릉 등 4기의 왕릉과 묻힌 이를 알 수 없지만 왕릉이 분명한 석실분도 몇 기가 있다. 지금까지 홍릉을 제외한 다른 왕릉은 모두 발굴조사 되었다.[61] 또, 가릉에서 북쪽으로 70m 떨어진 지점에 위치한 능내리 석실분이 조사되었다. 발굴 결과 강도 왕릉의 구조와 규모는 개경의 그것과 차이가 없는 것으로 확인되었다. 대부분 도굴을 당했지만 질 좋은 자기와 구슬, 금동제 봉황문 장식 등 수준 높은 유물이 출토되어 강도의 위상을 보여주고 있다.

왕릉 이외에도 강화도에는 고려시대 무덤이 많이 분포한다. 지금까지 강화도 전역에서 고려시대 분묘(군) 13개소가 확인되었다.[62] 분묘군은 보통 10~30기의 무덤이 떼를 이루고 있고, 석릉주변 고분군처럼 100여 기 이상이 확인된 대규모 유적도 있다.[63] 이 가운데 창후리

61) 국립문화재연구소, 2007, 『강화 고려왕릉』; 2002, 『강화 석릉』.
62) 인천시립박물관, 2003, 『강화의 고려고분 지표조사보고서』.

고분군[64] 등을 제외하고 대부분 발굴조사가 이루어지지 않아 분묘군의 구체적인 조성 시기는 알 수 없다. 하지만 강화도는 천도 이후 개경과 다른 지역에서 많은 주민들이 이주해 오면서 인구가 급증했던 역사적 사실을 고려하면 분묘(군) 가운데 상당수는 강도시기에 조성되었을 것으로 생각된다.

63) 인하대학교박물관, 2000, 『강화 석릉주변 고려고분군 지표조사 보고서』.
64) 인천시립박물관, 2008, 『강화 창후리 청소년유스호스텔부지내 문화유적 발굴조사 보고서』.

III.

江都의 지리적 변화와 입지적 특징

1. 해안선의 변화

강도가 자리했던 강화도는 현재 남북과 동서 길이가 각각 27km와 16km이며 면적이 약 411.27㎢에 달하는 큰 섬이다.[1] 섬의 지형은 전반적으로 서고동저형을 이루고 있다. 섬의 서쪽 지역은 북쪽에서부터 별립산(399.8m), 고려산(436.3m), 퇴모산(338.9m), 혈구산(466m), 진강산(441.3m), 마니산(469.4m) 등 비교적 높은 산지가 분포하고 있다. 동쪽 지역은 강화읍 북쪽의 금동산(114m), 남산(232m)과 강화대교 인근의 당산(74.2m), 광성보 남쪽의 대모산(84.2m) 등 상대적으로 낮은 구릉성 산지가 분포하고 있다.[2] 이러한 산지 사이에는 저평한 충적지가 발달해 있다. 그런데 오늘날 강화도의 지형은 과거의 모습과는 상당히 차이가

---

1) 강화군, 2010, 『군정백서』, 15쪽. 강화도는 부속도서를 제외한 본섬의 규모만으로 볼 때 제주도, 거제도, 진도 다음으로 큰 섬이다.

2) 한국정신문화연구원, 1999, 『한국민족대백과사전』 1권.

별립산 일대의 망월평

있다. 지금 섬 곳곳에 솟아 있는 산지 사이에 펼쳐져 있는 넓은 들판에는
오래 전 바닷물이 드나들었고 해안선의 굴곡도 심했다. 그런데 농토
확장을 목적으로 강화 천도기부터 조선시대까지 간척이 이루어지면서
섬의 지형은 점차 변화해 지금과 같은 모습이 되었다.

　이처럼 강화도는 간척으로 인한 지형 변화가 많이 일어났던 곳이다.
때문에 이곳에서 유적의 입지를 파악하기 위해서는 지형 변화에 대한
이해가 반드시 필요하다.[3] 같은 맥락에서 강도의 성곽체제를 알기
위해서는 천도기 강화도의 지형 조건, 그 중에서 해안선의 복원이

---

3) 우리나라의 간척이 정확히 언제부터 이루어졌는지는 알 수 없으나 고려시대부터
　본격적으로 이루어지기 시작한 것으로 이해되고 있다(윤오섭, 1998, 「간척의
　역사」, 『농공기술』). 한편 간척이란 용어는 일제강점기부터 사용된 것으로 이전에
　는 축언작답, 축동작답이라고 하였다. 堰과 垌은 방조, 방수를 위한 제방을 의미하며
　축언작답과 축동작답은 제방 내에 생겨난 토지를 개간하는 것이라 한다(양선아,
　2011, 「조선후기 서해연안 간척의 기술적과정과 개간의 정치」, 『쌀·삶·문명연구』
　4호, 50쪽).

혈구산 주변 간척 평야

먼저 이루어져야 한다. 하지만 당시의 해안선을 구체적으로 복원하는 것은 쉽지 않다. 오랜 간척으로 지형이 변화한 경우 특정 시점의 간척지 범위를 명확하게 밝히는 것은 거의 불가능하기 때문이다.[4] 다만 정밀토양도를 통해 간척지 토양의 물리적 특성 및 퇴적 양식에 따른 분포 범위를 살펴봄으로써 대략적인 양상은 확인할 수 있다.[5]

---

4) 최영준, 1997, 앞의 글, 181쪽.
5) 토양도의 제작은 지표조사 방식과 유사한데, 항공사진과 지형도를 통한 실내작업과 시굴갱(pit)과 토양시료 채취 등의 현지조사, 토양도 제작 및 보고서 작성의 순서로 이루어진다. 우리나라의 토양조사는 식량증산과 수탈의 목적으로 일제강점기에 시작되었고, 광복 이후 60년대부터 90년대까지 연차적으로 전국적인 조사를 완료하였다. 현재는 조사 자료를 GIS 기법에 의한 전자 지도화를 지속적으로 추진하고 있다(정연태·곽종철, 2010, 「토양조사 자료의 고고학적 활용」, 『한국매장문화재조사연구방법론 6』, 국립문화재연구소, 381~385쪽). 그 결과 과거에는 토양도가 종이지도로 제공되었으나 현재는 농촌진흥청 국립농업과학원의 토양환경정보시스템(http://soil.rda.go.kr)의 '흙토람'에서 지역별 정보를 전자지도로 손쉽게 살펴볼 수 있다.

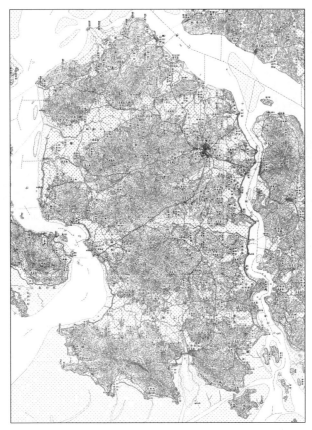

20세기 초 강화도의 지형

　토양도는[6] 지역의 토양 정보를 제공하여 농업 생산력의 증대를 목적으로 제작된 것이다. 그러나 고고 유적과 토양은 밀접한 관계를 가지고 있기 때문에 조사지역내 유적의 부존 여부나 입지 양상의 파악 그리고 고지형 복원 목적으로 GIS 시스템과 더불어 최근 고고학적 연구에 활용되는 사례가 증가하고 있다.[7]

<hr />

　6) 토양도는 개략토양도(1:50,000)와 정밀토양도(1:25,000)로 나뉜다. 이 가운데 고고학 연구에는 주로 정밀토양도가 활용된다.

우리나라의 토양의 분류체계에서[8] 간척지 토양으로 분류되는 것은 대토양군(Great soil group)에서 灰色土이다.[9] 그 하부에는 45개의 토양통 (Soil series)이 있는데 각 토양통은 과거에 바다였거나 최근까지도 조수간만의 영향을 받는 지역에 분포하여 옛 해안선 복원에 활용된다.[10] 강화도의 정밀토양도를 살펴보면 현재 평야지대의 토양은 대부분 회색토에 속하는 토양통인 Mg(만경)통 또는 Jb(전북)통으로 이루어져 있어 과거 해수의 영향을 받았음을 알 수 있다. 이 지역의 土性 또한 간척지에서 흔히 보이는 해안 저습지성 토양, 즉 배수가 약간 불량한 미사식양질과 미사사양질로 이루어져 있다.[11]

토양도에서 확인된 간척지의 범위를 지금의 지형도와 대조하면 간척이 이루어지기전 강화도의 지형을 알 수 있는데 그 결과는 다음의 지도와 같다.[12] 이에 따르면 강화도는 오늘날 하나의 섬이 되었지만 본래 마니산 일대는 별도로 분리되어 있었고,[13] 별립산과 봉천산 일대

---

7) 정연태·곽종철, 앞의 글, 497~580쪽 참조.

8) 우리나라는 토양조사 착수 당시 미국의 (구)토양분류체계를 적용하였다. 이를 우리나라 토양에 적용하면 토양목(Soil order), 토양아목(Soil sub order), 대토양군, 토양아속(Soil family), 토양통, 토양구(Soil type), 토양상(Soil phase)의 7개로 구분되는데 이 가운데 토양통이 가장 중요한 분류의 단위이다(정연태·곽종철, 앞의 글, 469~470쪽).

9) 농촌진흥청, 1992, 『증보 한국토양총설』, 21쪽.

10) 정연태·곽종철, 앞의 글, 507쪽.

11) 정연태·곽종철, 앞의 글, 495쪽, <표 37> 참조. 이 밖에 강화도의 간척지역은 퇴적양식으로는 충적층지대, 토양모재는 4기층으로 분류된다. 아울러 형태적·물리적 특성으로는 경사도가 0~2%에 해당하는 평야이고, 유효 토심은 깊은 편에 속한다.

12) 간척은 제방을 축조해 물을 배제하는 것과 제방축조 이후 그 내부에 매립을 하는 2단계로 구성되지만 매립이 이루어지지 않더라도 제방을 축조하는 것 자체가 간척으로 간주된다(농어촌진흥공사, 1995, 『한국의 간척』, 4~5쪽).

13) 마니산 일대의 지형에 대해 "주변에 해수가 산을 돌아 흘러 넘쳐 스스로 섬이 되었다"라고 기록되어 있다(『江華府志』 山川). 한편 간척 이전 마니산 일대는 古家島 로 불렸다.

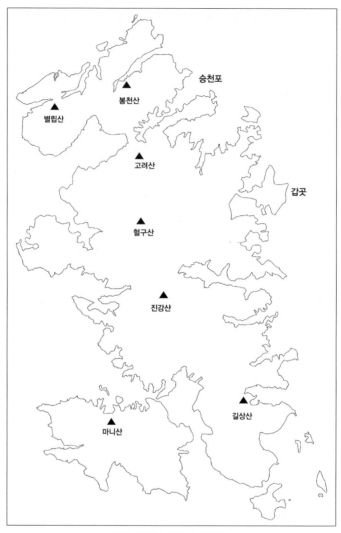

간척 이전의 강화도 해안선

도 거의 섬의 형태에 가까워 크게 2~3개의 섬으로 이루어져 있었다. 섬 깊숙이 바닷물이 들어오면서 당시의 해안선은 완만한 곡선을 이루고 있는 오늘날과 달리 매우 불규칙했다. 특히 혈구산과 진강산 사이로 바닷물이 깊숙하게 들어왔고, 강화읍 동쪽 초입까지도 바닷물의 영향을 받았다.

이러한 강화도의 지형은 고려 정부가 이곳으로 천도한 이후 변화하기 시작했다. 1256년(고종 43) 梯浦와 瓦浦를 방축하여 左屯田을 만들고 狸浦와 草浦를 방축하여 右屯田을 만들었다.[14] 당시 간척의 목적은 부족한 식량 상황을 타개하기 위한 농경지 확보였다.[15] 몽골과의 전쟁 기간 동안에도 漕運의 운용이 이루어지고 있었지만 오랜 전쟁으로 원활한 운용이 어려워지게 되었다. 특히 1250년대에 들어서면서부터 식량부족은 심각한 상황으로 전개되었는데 이를 개선하기 위해 간척을 통해 농지 확장을 시도한 것이다.[16]

지금으로서는 당시 간척이 이루어진 좌둔전(제포와 와포)과 우둔전(이포와 초포)의 정확한 위치를 알 수 없다. 다만 제포는 강화와 개경을 연결하는 통로인 승천포의 옛 이름이기 때문에 좌둔전은 오늘날 강화도 북쪽 해안가에 있었던 것으로 추정된다. 그러나 우둔전의 위치는 분명치 않다. 이포와 초포는 초지 부근으로 비정되기도 하나 그대로 믿기는

---

14) 『高麗史』 권79, 志33 食貨2 農桑.

15) 기록상 강도의 해안 간척은 천도 이후에 실시된 것으로 파악되지만 고려 후기의 농업생산 방식의 변화를 고려할 때 천도 이전부터 강화에서 해안 간척이 이루어졌을 가능성도 배제할 수 없다. 고려 후기에는 농업기술의 변화와 제언기술의 발전으로 연안 및 섬지방의 개발을 통해 농경지를 확보하는 사례가 늘어났다(이평래, 1991, 「고려후기 수리시설의 확충과 수전개발」, 『역사와 현실』 5, 170쪽). 특히 12세기부터는 연해지역을 중심으로 방조제를 축조하여 간척지를 만드는 예가 증가하고 있다(위은숙, 1989, 「12세기 농업기술의 발전」, 『부대사학』 12, 87~92쪽). 이와 관련해 1235년(고종 22) "주군의 일품군을 징발하여 강화 沿江堤岸을 加築했다"는 기록은(『高麗史節要』 권16, 高宗 22년) 천도 이전부터 강화도에 간척이 이루어졌을 가능성을 시사하는 것으로도 볼 수 있다. 이 기록은 강도 해안 외성의 축조를 의미하는 것으로 여겨지고 있지만 천도한 지 얼마되지 않은 시점에 제언을 추가로 쌓았다는 것으로 볼 때 천도 이전부터 강화도에 해안 제방이 존재했을 가능성을 보여준다.

16) 윤용혁, 1991, 『고려 대몽항쟁사 연구』, 일지사, 207쪽.

어렵다.[17]

고려 정부가 개경으로 돌아간 이후에도 강화도에서는 크고 작은 규모의 간척이 조금씩 이루어졌다. 구체적인 시기는 알 수 없지만 별립산 아래쪽 望月坪이 고려 후기에 간척된 것으로 알려져 있다.[18] 이처럼 강화도의 지형은 본래의 모습에서 조금씩 변화해 갔다.

2. 입지적 특징

강화도는 북쪽으로 폭 2km정도의 바다를 사이에 두고 황해도 개풍군과 연백군에 인접해 있고 동쪽으로는 너비가 수 백m~1km 내외인 강화해협(염하)를 사이에 두고 김포 내륙과 접해 있다. 이러한 지리적 조건을 피상적으로 보면 강화도는 내륙 지역과 교통이 용이했던 지역으로 이해될 수 있다. 그러나 강화도는 주변에 넓은 갯벌이 발달해 있고 조석간만차가 매우 커서 내륙에서 섬으로 자유롭게 왕래하기가 쉽지 않은 곳이다.

강화도가 자리한 곳은 한강과 임진강 그리고 예성강의 하구가 서로 만나는 지점이다. 이곳은 밀물 때에는 바다에서 조류성 퇴적물질이, 썰물 때에는 하천의 퇴적물이 섬 주변에 지속적으로 쌓인다.[19] 이러한

---

17) 『續修增補江都誌』堤堰. 이포와 초포를 지금의 초지로 비정한 이유로 "이포와 초포는 우둔전이 설치된 곳인데 오른쪽 둔전은 왕도의 오른쪽에 해당되는 곳을 일컫는 말로, 도성의 오른쪽이 초지 지역"이기 때문이라고 보았다. 그러나 이형상의 『江都誌』에서도 각 浦의 위치는 알 수 없다고 기록하고 있어 지금으로서는 구체적인 위치를 판단하기 어렵다.

18) 최영준, 1997, 앞의 글, 188~189쪽.

19) 범선규, 2004, 「강화도의 해안선과 해안지형」, 『인천학연구』 3, 353쪽 ; 최영준, 1997, 앞의 글, 178~182쪽.

강화의 갯벌

조석 작용의 결과 강화도 주변은 우리나라에서 갯벌의 면적이 가장 넓은 곳 가운데 하나가 되었다.[20] 섬의 남단(초지리~장곶)에는 86.6㎢, 북단에는(월곶리~인화포) 3.05㎢, 서쪽(인화~장곶)으로는 6.72㎢의 거대한 갯벌이 형성되어 있다. 이 밖에 섬의 동북쪽에 있는 유도 일대에는 8.3㎢, 지금은 남아있지 않지만 서북쪽 청주초에 28.82㎢의 갯벌이 있어 섬 전체가 갯벌로 둘러싸여 있다.[21]

한편 강화 일대의 조수 간만의 차이가 평균 6~7m, 최고 8~9m에 달하고 조류의 유속도 강화해협은 1.57m/s, 강화도 서쪽 해안이 1.66m/s로 매우 빠른 편이다. 강화도 북쪽 해안은 지금도 작은 배를 이용해서는 도강이 제한적으로 이루어질 정도로 유속이 매우 거세기 때문에 내륙에

---

20) 강화도 주변 갯벌 면적은 총 97.35㎢에 달한다(1999년 기준).
21) 홍재상, 2002, 「갯벌환경과 보존」, 『신편 강화사』, 강화군 군사편찬위원회, 329쪽. 청주초는 교동과 강화 본도 서북쪽에 위치한 갯벌을 일컫는 명칭인데 현재는 남아있지 않다.

염하(정민섭)

서 강화를 왕래하기가 쉽지 않다.[22]

이런 환경으로 인해 조선시대 이전에는 내륙에서 강화도를 배로 왕래할 수 있는 곳은 승천포와 갑곶뿐이었다.[23] 『택리지』에는 "강화부, 북쪽으로는 풍덕의 승천포와 강을 사이에 두고 마주했고 강 언덕은 모두 석벽이다. 석벽 밑은 바로 수렁이어서 배를 댈 곳이 없고 오직 승천포 건너편 한 곳에만 배를 댈만하다. 그러나 만조 때가 아니면 배를 부릴 수 없다.… 동쪽 갑곶에서 남쪽 손돌목에 이르기까지 오직 갑곶에만 배로 건널 수 있고 그 외의 언덕은 북쪽 언덕과 같이 모두 수렁이다."라고 해 강화도의 입지적 특성이 잘 설명되어 있다.[24]

---

22) 범선규, 앞의 글, 360쪽.
23) 염하는 강화도와 경기도 김포 사이에 있는 남북 방향의 좁은 해협으로 그 형상이 강과 같다 하여 鹽河라고 부르며 강화해협 또는 김포강화해협이라고도 한다. 한편 『高麗史』에는 염하를 갑곶강으로 기록하고 있다.
24) 『擇里志』京畿.

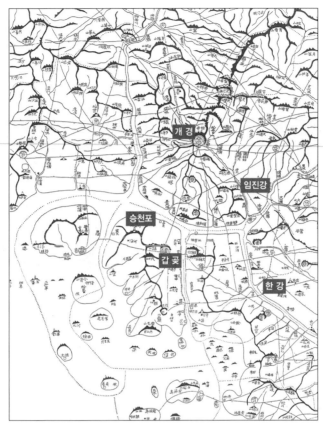

대동여지도

　고려시대에 제포라 불린 승천포는 고려시대 개경과 강도를 연결하는
최단 통로로 왕실과 귀족, 사신들이 주로 이용했던 것으로 알려져
있다. 개경에서 강화로의 천도 역시 이곳을 통해 이루어졌다.[25] 갑곶은
내륙에서 강화로 들어오는 가장 중요한 길목으로,[26] 승천포 일대의
바다에 풍랑이 있을 경우 개경에서 승천포를 통하지 않고 동쪽의

---

25) 『高麗史節要』 권16, 高宗 19년 7월.
26) 김창현, 2003, 「강화의 왕도경영」, 『신편강화사』, 강화군 군사편찬위원회, 216쪽.

임진강 하구의 유빙

조강나루를 건넌 뒤 통진을 거쳐 갑곶을 통해 강화에 들어갔다.[27] 이곳은 고려시대 뿐만 아니라 고대부터 지금까지도 강화와 내륙을 연결하는 교통의 요충지다.[28]

이처럼 강화도는 섬 주변의 갯벌과 6~9m에 달하는 조차 그리고 빠른 조류의 속도가 그 자체로 방어선이 되면서 승천포와 갑곶 등 일부 제한된 지점을 통해서만 출입이 가능한 곳이었다. 여기에 겨울철에는 한강과 임진강에서 떠내려 오는 얼음덩어리들이 더해지면서

---

27) 『江都誌』 古蹟, 利涉亭내 李詹의 記文.
　　"부의 북쪽에는 뱃길이 통하지만 단지 물이 너무 넓어서 혹시 풍랑이라도 만나서 막히면 건널 수가 없고 조강에 배를 매어두어야 한다. 그러나 육로로 30여 리를 가서 갑곶에 이르면 건너는 곳이 있는데 그 곳은 간격이 조금 좁아서 쉽게 건널 수가 있다. 그러기에 모든 어사들의 순찰이나 대신 중 어명을 받은 자들은 모두 이 길을 통해서 부에 도착하며 기타 왕래하는 나그네도 끊임이 없다."
28) 갑곶에는 강화대교가 설치되어 있어 지금도 강화와 내륙을 연결하는 중요한 교통의 요지에 해당된다.

눈앞에 빤히 바라다 보일 정도로 가까이 있음에도 육지에서 강화로 들고 나는 것이 수월치 않은 천혜의 요새였다.[29)

고려 집권층이 강화로 천도한 이유에 대해서는 다양한 의견이 제시되고 있지만 다른 지역보다 갯벌과 거센 조류로 방어에 유리한 지형적 조건이 중요한 이유 가운데 하나였다는 점은 분명하다. 이와 함께 강화는 도성이 장기간 자리 잡고 국가를 운영하기에 적합하다는 점에서도 다른 어떠한 지역보다 천도지로서 적합한 조건을 갖추고 있다. 여몽전쟁 시작부터 고려의 전쟁 수행 전략은 섬 또는 산성에 들어가 직접적인 전투를 회피하는 淸野戰術이었다.[30) 이 가운데 산성은 섬에 비해 상대적으로 공간의 제약이 있어 식량의 원활한 수급과 군사나 이주민을 수용하는 데 어려움이 있을 수 있기 때문에 천도지로서 산성보다 섬이 선호되었을 것이다.[31) 특히 강화도는 앞에서 살펴본 것처럼 간석지가 발달해 있어 이곳을 간척한다면 많은 농토를 확보할 수 있기 때문에 개경과 같이 도성의 기능을 유지할 수 있는 지역으로 여겨졌을 것이다.[32) 또, 강화가 개경과 근거리에 있는 탓에 바다를 통해 지방으로부터 연결되었던 기존의 조운체계를 그대로 이용할

---

29) 『肅宗實錄』 권11, 肅宗 7년 5월 21일, "本府의 形勢가 高麗 때에는 四面이 沮澤 이어서 배를 정박할 만한 곳이 단 몇 군데만 있었는데…."

30) 윤용혁, 1991, 앞의 책, 184~185쪽.

31) 정유재란 발발 직전 당시 조선정부는 파천계획을 논의하면서 해주산성과 강화 중 어느 지역을 피난지로 선택할 것인가를 논의하는 과정에서 "해주산성은 곡식이 저장된 것이 얼마 안 되며 한번이라도 함몰되면 다시 펼칠 수 없다"고 하였다. 반면 강화도는 수도에서도 가까우며 고험지면서 하삼도에서 조운이 가능하고 오래 지체할 수 없으면 뱃길로 다른 곳으로 이동이 가능하다는 점을 들고 있다(『宣祖實錄』 권82, 宣祖 29년 11월 乙巳).

32) 1259년 강화도에 간전이 5천결이 넘었던 것으로 전하는데 섬의 면적을 고려할 때 농지의 결수가 많다. 이는 집약적 농업과 해안 간척으로 많은 농토가 개발되었기 때문이다(이진한, 2014, 『고려시대 무역과 바다』, 경인문화사, 59쪽).

수 있었던 점도 강화도가 천도지로 선택되었던 중요한 배경 가운데 하나였을 것이다.[33]

요컨대 강화는 몽골군의 수전 수행 능력에 대한 평가는 엇갈리기는 하지만[34] 수전에 약하다고 알려진 몽골군의 전략적 약점을 이용하면서도 개경의 입지적 특성을 대체할 수 있는 지역이었던 것이다. 그래서 내륙은 몽골군에 의해 여러 차례 유린되었지만 고려정부는 강화에서 오랜 기간 동안 전쟁을 수행할 수 있었다.

그런데 여기서 우리가 주목할 것은 일부 제한된 통로를 통해서만 왕래가 가능한 강화도의 입지 조건이 강도의 방어체계를 구축하는 데 영향을 끼쳤을 것이라는 점이다. 승천포와 갑곶으로 제한된 출입 통로만 방어한다면 최소한의 공력으로 내륙으로부터의 공격에 효과적인 방어를 할 수 있다. 다음 장에서 자세히 살펴보겠지만 이러한 강도의 입지적 특징은 그간 통설로 받아들여져 왔던 해안 외성의 존재와 범위에 대한 검토를 하는데 적극적으로 고려해야 한다.

그동안 강도시기 해안 외성에 대한 논의는 조선시대 해안 방어의 관점, 즉 강화외성의 존재를 염두에 두고 이루어졌다.[35] 그러나 조선시

---

33) 고려의 조운은 전국의 서·남해안과 한강에 위치한 13개 조창에서 곡식을 집결한 뒤 주로 한강과 연안 해로를 따라 개경으로 이어졌다(문경호, 2011, 「고려시대 조운제도와 조창」, 『지방사와 지방문화』 14권 1호, 22~33쪽 참조).

34) 종래의 몽골의 수전 능력이 약하다는 통설에 대해서는 견해가 엇갈린다. 우선 유럽까지 공략하였던 몽골이 수전능력이 없었다는 것은 성립될 수 없으며 강도를 공격하지 않은 것은 못한 것이 아니라 하지 않은 것으로 당시 몽골의 주된 공격목표는 중국 본토의 금과 남송에 있었기 때문이라고 보는 견해가 있다(주채혁, 1989, 「몽골-고려사연구의 재검토 : 몽골, 고려전쟁사 연구의 시각문제」, 『애산학보』 8, 37~38쪽). 한편으로는 위의 견해에 동의하면서도 고려의 군사력이 함부로 강화를 침범할 수 없을 정도의 정예였기 때문에 공격을 하지 못한 측면도 있다고 보기도 한다(김기덕, 2000, 앞의 글, 107쪽 ; 윤용혁, 2003, 「강도시대의 대몽항쟁」, 『신편 강화사』, 266쪽).

35) 김창현, 2004, 앞의 글, 156쪽 ; 윤용혁, 2002, 앞의 글, 24쪽.

68

대 외성이 축조될 당시 강화도의 해안선은 강도시기의 그것과는 뚜렷한 차이가 있었다.

앞에서도 보았듯이 천도 이후 시작된 강화도의 해안 간척은 환도 이후에도 이루어졌고 농경지 확보를 위한 간척은 조선시대까지 이어진 다.[36] 사실 개경으로 환도 이후 고려 말~조선 중기까지 강화도에서 간척이 시행된 사실은 뚜렷하게 확인되지 않는다. 그런데 조선 초 마니산 북쪽에 있는 가릉포에 2,000척 규모의 제방이 있다는 기록으로 보아 이 시기에도 강화도에서 간척이 지속적으로 이루어졌던 것으로 보인다.[37] 이러한 강화도 연안 지역에 대한 간척은 해안 지형을 점차 단순화시키면서 이전에는 질퍽한 갯벌로 인해 접근이 불가능했던 지역이 점차 줄어들게 되고 승천포와 갑곶 이외에도 배를 댈 수 있는 곳이 늘어나게 되었다.[38] 그 결과 조선 전기에는 승천포와 갑곶 이외에 도 인화와 정포, 광성에서도 뱃길로 내륙과 왕래할 수 있게 되었다.[39]

한편 강화도는 한양도성과 가까우면서도 외부에서 침입이 쉽지 않은 지리적 조건으로 인해 조선시대에 다시 한번 주목받게 된다. 조선은 임진왜란을 겪으면서 유사시 왕실과 조정이 피난할 수 있는 보장처를 마련할 필요성이 대두되었는데 그 과정에서 강화도의 전략적 가치가 부각되었던 것이다.[40] 특히 정묘호란 당시 인조가 3개월간 강화로 피난하면서 위기를 모면한 것을 계기로 전쟁 직후인 1627년(인조 5) 강화는 남한산성과 함께 왕실의 보장처로 설정되었고, 강화부는

---

36) 위은숙, 앞의 글, 91쪽.

37) 『世宗實錄』 地理志, 江華都護府.

38) 『肅宗實錄』 3권, 肅宗 1년 4월 281일, "江都가 전에는 진창이었습니다만 지금은 견고한 강토가 되어서 곳곳에다 모두 배를 댈만합니다."

39) 『新增東國輿地勝覽』 江華都護府, 津渡.

40) 『宣祖實錄』 권82, 宣祖 29년 11월 乙巳.

留守府로 승격되었다.

그런데 병자호란 때 강화가 청군에 의해 함락되면서[41] 조선정부는 적지 않은 충격을 받았고, 이에 강화도의 방어체계를 강화할 필요성을 느끼게 되었다.[42] 효종은 병자호란 당시 대군의 신분으로 이곳에 입보해 있다가 적에 의해 강화가 함락되는 과정을 목격하였기 때문에 강도의 방비를 강화하는 데 적극적인 노력을 기울였다. 당시 적병의 상륙을 막지 못한 것을 교훈 삼아 1656년(효종 7)~1677년(숙종 3)에 걸쳐 단계적으로 진·보를 인천과 교동, 안산 등 다른 지방으로부터 이설하거나 새롭게 설치해 강화도 연안을 따라 배치하였다.[43] 이후 돈대와 외성을 차례로 축조하여 보장처 강화의 방어체계를 구축했다.

이러한 일련의 과정에서 군사를 운영할 수 있는 식량 확보가 필요했는데 이를 위해서 제방의 축조, 즉 간척이 집중적으로 이루어졌다. 간척은 군사적 목적을 가진 둔전의 확보를 가능하게 하였기 때문에[44] 강화도 방비책에 있어 매우 중요한 의미가 있다. 당시 간척 사업은 효종~현종 연간에 집중적으로 이루어졌고, 18세기 초 강화도내 주요 지점의 간척이 완료되었다. 중요한 간척 현황을 정리하면 〈표 6〉과 같다.

---

41) 1637년 1월 청군은 갑곶을 건너 강화부를 함락시켰는데 이처럼 함락된 것은 지리적 조건에 대한 맹신과 군비의 열세, 나태함, 그리고 장거리포인 홍이포 등 청군의 전술능력의 향상으로 인한 것이었다(김우철, 2003, 「병자호란과 강화의 항전」, 『신편 강화사』, 413~419쪽).

42) 배성수, 2002, 『조선 숙종초 강화도 돈대 축조에 관한 연구』, 인하대학교 석사학위논문, 3~6쪽 참조.

43) 강화도에 설치된 진보는 월곶진, 제물진, 용진진, 화도보, 광성보, 덕진진, 초지진, 장곶보, 정포보, 인화진, 승천보, 철곶보 등이다. 한편 1718년 문수산성에 문수진을 설치하고 별장을 파견하였는데(『輿地圖書』 鎭堡) 이 문수진은 통진에 있지만 강화 관할이기 때문에 이를 포함하면 강화도의 진보는 모두 13개다.

44) 이태진, 1986, 「16세기 연해지역의 언전개발」, 『한국사회사연구』, 지식산업사.

<표 6> 조선 후기 강화도 주요 간척 현황[45]

축조시기	제방명칭	위치	비고
1636(인조14)	三門浦堰	송해면 당산리(승천포일대)	삼간포언
1656(효종 7)	屈串防築	길상면 초지리	굴곶언
1664(현종 5)	大靑浦堰	선원면 연리	대청언
1664(현종 5)	滿月堰	선원면 연리	
1664(현종 5)	嘉陵浦堰	양도면 조산리	진강언
1665(현종 6)	長池堰	내가면 외포리	정포~건평구간
1666(현종 7)	井浦堰	내가면 외포리	
1675(숙종 1)	甲串堰	강화읍 갑곶리	
1706(숙종32)	船頭浦堰	길상면 선두리	선두언
1758년 이전	赤北堰	송해면	적북방축
17세기	坉浦堰	송해면	
1758년 이전	加里山堰	선원면 연리	가리산방축

　간척은 강화도 북쪽과 동쪽 해안에서 먼저 이루어졌고 이후 서쪽으로 확대되는 양상을 보인다. 가릉포언과 선두포언의 축조로 마니산 일대 (고가도)가 독립된 섬이었다가 다른 지역과 연결되면서 간척으로 인한 지형변화의 대강이 마무리 되었다. 당시 간척이 이루어진 지역은 읍지와 고지도를 통해 대략적인 위치를 파악할 수 있는데 주요 간척지의 위치는 다음 지도와 같다.[46] 당시 간척을 위해 쌓은 해안 제방은 한편으로 복잡한 강화도의 해안선을 손쉽게 통행할 수 있는 교통로와 行城의 역할을 수행했다.[47]

---

45) 이 표는 『江都誌』, 『餘地圖書』「江都府志」, 『江華府志』, 『續修增補江都誌』의 堤堰관련 기록을 토대로 작성한 것이다.

46) 일제강점기와 해방 이후에도 일부 간척이 이루어지기는 했으나 전체 면적에서 차지하는 비중은 크지 않다(최영준, 1997, 앞의 글, 195쪽).

47) 배성수, 2006, 「강화외성과 돈대의 축조」, 『강화외성 지표조사 보고서』, 한국문화재 보호재단, 375쪽. 한편 行城은 국경지역에 방어를 목적으로 길게 둘러친 성으로 장성이라고도 한다(국립문화재연구소, 2011b, 『한국고고학사전-성곽·봉수편』,

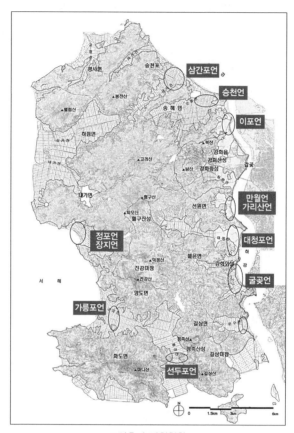

조선후기 간척현황

강화도의 방비를 강화하려는 노력은 숙종 년간에 결실을 보게 된다.
1679년(숙종 5) 간척으로 새롭게 형성된 해안선의 요충지에 48개의
돈대를 설치하였다. 돈대는 외적의 침입과 움직임을 탐지하고 상륙을
저지할 목적으로 쌓은 군사시설이다.[48] 이후 강화도 서쪽과 북쪽 해안

1064~1065쪽).

48) 墩臺는 중국 명대 요동지방의 城制에서 비롯된 것으로 척후와 경보가 주가 되는
烽堠, 煙墩과 敵臺의 방어기능이 조화된 군사시설이다(배성수, 2002, 앞의 글, 33쪽).

에 검암, 빙현, 철북, 작성, 초루 등 5개를 추가로 쌓아 모두 53개의 돈대가 강화도 해안 요충지에 배치되었다.[49]

1691년(숙종 17)에는 염하를 따라 외성을 축조하였다.[50] 이미 해안가 요충지에 돈대를 쌓았지만 돈대의 간격이 넓어 적군의 상륙을 보다 효과적으로 막기 위해 그 사이를 성으로 연결하였다. 외성은 처음에 북쪽의 휴암돈에서 남쪽의 초지까지 토성으로 쌓았는데[51] 이후 붕괴된 일부 구간에 벽돌을 이용해 개축하거나 석축으로 다시 고쳐 쌓았다. 예전에는 갯벌과 바다 자체가 방어선이 되었지만 간척으로 인한 지형 변화로 이전보다 육지에서 강화로 접근할 수 있는 경로가 늘어났다. 더욱이 한번 함락당한 경험이 있었기 때문에 돈대와 외성과 같은 방어시설이 설치는 자연스러운 것이었다.

외성을 쌓고 3년 뒤인 1694년(숙종 20)에는 갑곶 건너편의 문수산에 내륙으로부터 강화로 오는 적군을 방어하기 위해 산성을 축조하고, 1718년(숙종 44)에 문수진을 설치했다.[52] 1711년(숙종 37)에는 강화부성을 오늘날의 모습처럼 남산과 견자산을 포함하는 규모로 확대하면서 문수산성, 외성과 돈대, 강화부성으로 이어지는 강화도 방어체계의 골격이 만들어졌다.

---

49) 19세기말 광성에 쌓은 용두돈대를 포함하면 강화도의 돈대는 모두 54개가 된다.
50) 『肅宗實錄』권22, 肅宗 16년 9월 12일, "우의정 金德遠·훈련대장 李𨥏이 江都에서 돌아와 請對하니, 임금이 召見하여 성을 쌓을 곳의 형세를 물었다. 김덕원이 말하기를, "돌로 쌓으면, 넓이가 매우 넓어서 쌓기가 어렵거니와, 지키기도 어려울 것입니다. 府城으로 말하면, 쌓기가 좋기는 하나, 밖을 쌓지 않고서 안을 쌓으면 그 天塹을 잃을 것이니, 또한 어떻게 지키겠습니까? 昇天堡부터 草芝水까지는 매우 좁아서 건너기 쉽고 또 물길이 전보다 크게 바뀌어 다 배를 댈 수 있으므로 이것은 반드시 다투는 곳이 될 것이니, 먼저 이곳을 쌓는 것이 좋은 계책일 듯합니다."
51) 『輿地圖書』「江都府誌」城池.
52) 『輿地圖書』鎭堡.

덕진돈대와 포대(강화군청)

갯벌과 강화외성(덕진진 구간)

장곶돈대(강화군청)

갑곶 진해루와 강화외성(인천시립박물관)

이상과 같이 강화 천도 이후 농경지 확보를 목적으로 시작된 해안 간척이 개경으로 환도한 뒤에도 지속되면서 강화도의 해안 지형은 점차 변화되었다. 그 결과 조선시대에는 강도시기보다 내륙에서 섬으로 접근하는 것이 상대적으로 더 용이해졌다. 거기에 병자호란 때 청군에 의해 강화가 함락되는 경험을 하면서 강화도 해안 방어의 필요성이 이전보다 훨씬 높아졌던 것이다.

다시 말해 강도시기와 조선시대에 강화도가 가지는 전략적 가치는 큰 차이가 없었지만 섬의 지형조건은 달랐다. 게다가 외적에 의해 강화가 함락된 역사적 경험도 없었기 때문에 강도시기 해안 방어의 비중은 조선시대에 비해 그리 높지 않았다고 볼 수 있다.

IV.
江都 성곽의 현황과 실체

1. 궁궐의 위치와 궁성의 규모

주지하듯이 그동안 강도의 궁궐은 '고려궁지'에 자리하였던 것으로
여겨져 왔다. 그러나 이곳은 조선시대 강화부의 치소와 행궁이 자리했
던 곳으로 발굴조사에서도 조선시대 건축물의 흔적만 확인되었다.[1]
따라서 강도 궁궐의 위치에 대한 재검토가 필요하지만 지금 당장
이를 구체적으로 밝히는 것은 거의 불가능하다. 그렇지만 강도의 성곽
체제와 공간구조를 파악하기 위해서는 강도의 궁궐이 어디에 자리했었
는지 미루어 짐작해보지 않을 수 없다.

---

[1] 강화부의 전각 배치는 강화부 궁전도에 자세하게 나와 있다. 강화 행궁은 1631년
처음 설치되었다가 1637년 병자호란 당시 강화유수부가 함락되면서 소실되었다.
이후 1651년(효종 2) 행궁을 복구한 후 1695년(숙종 21)에는 숙종의 어진을 봉안한
장령전을 창건하였다. 장령전은 1745년(영조 21) 영조의 어진이 봉안되면서 만녕전
으로 불렸다. 그리고 1781년(정조 5)에 규장외각이 행궁 내에 설치되었다.

1) 궁궐의 위치

(1) 문헌 검토

Ⅱ장에서 보았듯이『고려사』와 조선시대 지리지에는 강도의 궁궐터가 '강화부 동쪽 10리' 또는 견자산 일대에 있었던 것으로 전한다. 이는 '고려궁지'가 강도의 궁궐터라는 그간의 인식과는 사뭇 다른 내용이다.

위의 기록에 대해서는 두 가지의 해석이 가능하다. 먼저, 조선시대 강화부는 지금의 강화읍 관청리에 자리하고 있었기 때문에 실제로 강도의 궁궐이 관청리 동쪽 어딘가에 있었을 가능성이다. 그렇지 않으면 강도의 궁궐은 지금의 강화읍에 있었지만 이 기사가 작성될 당시에 강화의 치소는 이보다 서쪽에 있었고, 그 때문에 궁궐터가 '강화부 동쪽 10리'에 있다고 기록했을 가능성이다. '고려궁지'를 강도의 궁궐터로 보아온 연구자들은 후자의 견지에 있음은 앞에서 살펴본 바와 같다.

우선 첫 번째 가능성에 대해 살펴보자. 기록된 내용으로만 보면 강도의 궁궐은 강화부의 동쪽 10리인 갑곶 부근에 자리하는 것이 된다.[2] 그런데 갑곶은 승천포와 함께 강화와 내륙을 연결하는 중요한 요충지다. 따라서 몽골의 군사적 압박을 피해 섬으로 피신한 상황에서 내륙에서 강화로 들어오는 길목인 갑곶 일대에 궁궐을 건설하는 것은 자연스럽지 않다. 뒤에서 살펴보겠지만 몽골의 군사적 시위가 갑곶 대안에 집중되었고 실제 내륙으로부터 공격이 있을 경우 갑곶은 도강 지점이

---

2) 『新增東國輿地勝覽』 江華都護府 山川, "갑곶은 부에서 동쪽 10리에 있다."

될 것이기 때문에 궁궐의 입지로 적합하지 않다.

따라서 "강화부 동쪽 10리에 고려궁궐터가 있다"는 기록은 강화부의 치소가 이동된 것에서 비롯되었을 가능성이 높다. 다시 말해 윤용혁이 밝힌 것처럼 강화부의 치소는 『고려사』와 『세종실록지리지』가 편찬되었던 15세기경에는 강화읍 서쪽 어딘가에 자리하였다가 이후 자리를 옮겼다는 것이다.[3]

이와 관련해 『세종실록』에 강화부 치소의 이동을 논의하는 내용이 다음과 같이 전한다.

① "경기 감사가 계하기를, "도내의 강화부의 治所는 남쪽과 북쪽이 험하고 막혀서 지세가 협착하므로, 성을 쌓고 백성이 살기에 합당하지 아니하와 이제 옛 성터를 살펴본 즉, 토지가 평탄하고 광활하여 가히 성을 쌓을 만하옵고, 주위가 4천 4백 50척이나 되옵니다. 그리하여 농사 여가에 성을 쌓게 하고 官府를 옮겨 설치하여 백성의 희망에 따르게 하고자 하나이다." 하니, 그대로 따랐다."(『世宗實錄』 권28, 世宗 7년 4월 26일.)

② 공조에서 계하기를, "僉節制使 李格이 일찍이 말씀을 올리기를, '江華府에 城을 쌓아서 백성들로 하여금 들어가서 지키게 할 것입니다.' 하였으며, 本府에 거주하는 백성들도 또한 말씀을 올리기를, '원컨대 강화부의 옛터에 邑城을 쌓고 창고를 설치하여 영원히 寇賊들의 걱정이 없도록 하소서.'"(『世宗實錄』 권39, 世宗 10년 1월 14일.)

위의 기사에 따르면 세종 년간에 부의 치소를 옮기고 읍성을 새로 쌓자는 논의가 이루어지고 있다. 현재 강화읍 일대에는 강화산성이

---

3) 윤용혁, 2002, 앞의 글, 12~13쪽.

건설되기 이전부터 부성이 있었기 때문에[4] 강화부의 옛터에 읍성을 쌓자고 하는 것으로 볼 때 이 논의가 진행될 당시에 이곳에는 강화부의 치소가 있지 않았음을 알 수 있다.

한편 기사 ①에서는 치소가 자리한 곳이 "남과 북이 가로막혀 지세가 협착"하다고 전하고 있다. 이러한 지형은 『여지도서』와 『속수증보강도지』에서 강화현의 옛 치소로 전하고 있는 고천리 일대의 그것과 흡사하다.[5] 고천리는 남과 북이 각각 고려산과 혈구산으로 가로 막힌 좁은 분지 지역이다. 따라서 이 기록은 고려 말~조선 초 강화부의 치소가 현재 강화읍이 아닌 고천리 일대에 있었을 가능성을 보여준다고 하겠다.[6] 이렇게 고천리 일대를 강화부의 옛 치소로 보면 '강화부 동쪽 10리'는 현재 강화읍 관청리 일대가 된다.

한편 『세종실록지리지』에는 강화읍 서쪽에 있는 별립산과 인화가 府의 북쪽에, 松嶽(강화 북산)은 동쪽에 있다고 전하고 있으나[7] 『신증동국여지승람』 산천조에서는 별립산과 인화는 부의 서쪽에 있고 송악은 부의 북쪽 1리에 있다고 기록한다.[8] 이는 결국 『세종실록지리지』 이후부터 『신증동국여지승람』이 편찬되기 이전의 어느 시점에 강화부의 치소가 이동되었음을 시사한다.

이러한 여러 정황을 고려해 보면 강화의 읍치는 천도 이전에 지금의 강화읍에서 고려산 아래로 이동하였다가 다시 본래의 위치로 옮겨진

---

4) 『餘地圖書』「江都府志」城池.

5) 『餘地圖書』「江都府志」古蹟條에는 "고려산 남쪽에 高皐라는 지명이 있는데 예전에는 현이었다고 한다. 고을의 터와 감옥의 터가 지금도 남아있다고 하는데 예전부터 역사에 기록되지 않으니 괴이하다"라고 하고 『續修增補江都誌』古蹟條에도 이곳의 옛 지명은 古邑으로 과거 관아와 감옥터가 있다고 전한다.

6) 윤용혁, 2002, 앞의 글, 16쪽.

7) 『世宗實錄』地理志, 江華都護府.

8) 『新增東國輿地勝覽』江華都護府, 山川.

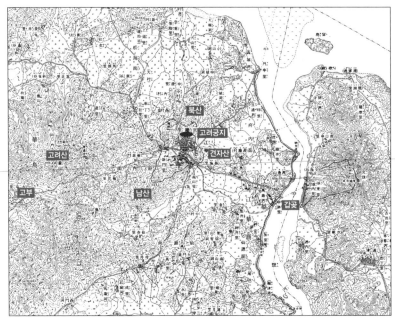

고려궁지와 고부 위치

것으로 판단된다. 치소를 고려산 아래로 이전한 것은 아마도 강화현의 읍치에 고려의 도성이 건설되었기 때문일 것이다.[9] 도읍이 개경으로 다시 옮겨진 뒤에도 고려 말 왜구의 침입으로 그곳에 있다가 15세기 이후 어느 시점에 치소가 이동되었을 것으로 보인다.[10]

강화부의 치소가 본래의 자리로 다시 돌아온 것은 고려 말~조선 초, 왜구의 침입을 피해 내륙의 산성을 중심으로 방어하는 소극적 방식에서 탈피해 연안 지역에 읍성을 축조해 직접 방어를 함으로써

---

9) 김창현, 2005, 앞의 글, 248쪽.

10) 고려 말 강화는 왜구의 침입을 많이 받았는데 공민왕과 우왕 때 기록으로 확인되는 경우만도 31번의 침입이 있었다. 이렇게 강화도에 왜구의 침입이 잦았던 것은 이곳이 조운선이 개경으로 가는 길목이면서 농업생산량이 높았고 그에 따라 약탈대상이 많았기 때문이다(박종기, 2003, 「개경환도이후의 강화」, 『신편 강화사』, 310쪽).

인적·물적 자원의 피해를 최소화하고자 하는 조선 정부의 전략 변화와 관련 있는 것으로 보인다. 조선 세종 년간에 집중적으로 연안 지역에 읍성을 축조하기 시작했는데[11] 강화부 치소의 이전도 이러한 맥락에서 이루어졌던 것으로 생각된다.

하지만 부치가 강화읍 일대로 언제 이동했는지는 정확히 알 수 없다. 다만 1465년(세조 11)까지 부성의 축조에 대한 논의가 진행되고 있는 것으로 볼 때 적어도 15세기 중엽까지는 치소가 옮겨지지 않았음을 알 수 있다.[12] 그런데 1530년 편찬된 『신증동국여지승람』 산천조에 "부 북쪽 1리에 송악산(북산)이 있다"고 기록되어 있는 것을 보면, 강화부의 치소는 15세기 후반, 늦어도 16세기 초에는 지금의 자리로 이전되었던 것으로 보인다.

한편 「강도부지」와 『강도지』의 기록으로 보면 강도 궁궐은 견자산 동쪽 또는 견자산~갑곶 사이의 평지에 있었던 것이 된다. 이는 『고려사』의 '강화부 동쪽 10리' 기록과는 약간의 차이는 있지만 궁궐이 강화부의 동쪽에 위치한다는 점은 같다. 하지만 견자산 동쪽 구간은 탁 트인 개활지로 사방이 노출되어 있기 때문에 궁궐의 입지로는 적합하지 않다. 개경이나 서경의 궁궐은 모두 산을 의지해 경사면을 따라 축대를 쌓는 형태임을 감안할 때 이 일대에 궁궐이 자리했다고 보기는 어렵다. 후술하겠지만 견자산 일대는 강도의 중심지 가운데 하나로 최우의 사저인 晉陽府가 자리했고,[13] 강도의 별궁 중의 하나인 장봉궁이 있었던

---

11) 심정보, 1995, 『한국 읍성의 연구』, 학연문화사, 404쪽.

12) 『世祖實錄』 권37, 世祖 11년 11월 3일, "都體察使 韓明澮가 아뢰기를, '지금 명을 받고 경기의 강화·교동 성터를 살펴 정하였는데, 강화 성터는 布帛尺으로 9천 4백 16척이고, 교동 성터는 7천 4백 90척입니다. 두 고을에 백성이 적어서 쌓기가 어려우니, 청컨대 경기의 號牌軍籍과 徙民을 傳送하는 일이 끝나기를 기다린 후에 쌓도록 하소서.' 하니, 그대로 따랐다."

13) 윤용혁, 2002, 앞의 글, 30~35쪽.

곳으로 추정되는 곳이다.[14] 『강화부지』에 견자산 주변에 건물 초석과 기와가 산재한다고 전하는 것도 이 일대가 강도의 중심지였다는 사실을 보여준다고 하겠다. 다시 말해 「강도부지」와 『강도지』에 전하는 궁궐 위치에 대한 기록은 이전 시기부터 전해 내려오는 '府東十里'의 기록을 참고하는 과정에서 오류가 있었고,[15] 견자산 일대의 건물 흔적을 궁궐 터로 인식한 결과로 보인다.

그렇다면 강도의 궁궐은 오늘날 강화읍 일대에서 어느 곳에 있었을까?『고려사』에는 강도 궁궐이 송악리에 있다고 전하고 있는데[16] 여기서 송악은 지금의 강화 북산을 의미한다고 생각된다. 이 산은 강화도의 각종 고지도에서 松嶽으로 표기되어 있어 조선시대에는 북산이 아니라 송악으로 불렸음을 알 수 있다. 이는 이병도의 견해처럼 강도시기에 개경의 주산인 송악을 모방해서 붙여진 이름일 가능성이 높다. 그러면 송악리는 송악산 일대에 있는 것으로 보는 것이 자연스러우며 그에 따라 강도의 궁궐은 송악산(북산) 일대에 자리했을 것이다.

하지만 문헌기록으로는 더 이상 궁궐의 위치를 구체적으로 파악할 수 없다. 다만 북산의 북쪽과 서쪽은 도성(강화읍 외곽토성)의 바깥에 해당하기 때문에 궁궐의 입지에서 제외된다. 따라서 강도의 궁궐은 북산 남쪽, 강화읍 관청리 일대에 자리 잡고 있었던 것은 분명해 보인다.

---

14) 김창현, 2003, 앞의 글, 213쪽.

15) 김창현, 2004, 앞의 글, 169쪽.

16) 『高麗史』 권56, 志1 地理1 楊廣道.

(2) 고고자료 검토

강도의 궁궐이 있었던 곳으로 짐작되는 강화읍 관청리 일대는 북산 남사면 중턱에서 남서쪽으로 길게 돌출되어 있는 작은 능선을 기준으로 지형이 구분된다. 현재 성공회 강화성당이 자리하고 있는 이 능선의 서쪽으로는 궁골을 포함해 전체적으로 완만한 경사를 가진 구릉과 평탄지가 펼쳐져 있다. 이곳은 북쪽과 서쪽으로 북산 자락이 둘러싸면서 북산과 남산사이의 형성된 분지 안에 또 하나의 작은 분지를 이룬다. 능선의 동쪽 지역에도 편평한 대지가 형성되어 있지만 견자산이 자리하고 있어 능선 서쪽에 비해 상대적으로 공간이 작다.

앞에서 설명하였듯이 지금까지 관청리 일대에서는 고려궁지 남쪽에 있는 용흥궁 주차장 부지의 관청리유적(관청리 405번지), 강화여고 기숙사부지의 향교골유적, 고려궁지 남서쪽의 성광교회 부근(관청리 659-2번지) 그리고 강화군청 별관부지(관청리 163번지)와 노외주차장 부지 유적(관청리 145번지) 등 5개 지점에서 고려시대 유적이 확인되었다. 이 가운데 관청리유적을 비롯한 3개 유적은 능선 서쪽에 분포하고 강화군청 주변에 있는 유적은 능선 동쪽에 위치한다.[17]

이 중 용흥궁 주차장부지는(관청리 405번지) 기왕에 고려 궁궐의 毬庭터로 지목되었던 곳이다.[18] 그러나 이곳에서는 조선시대 건물지와 배수로 등이 확인되었을 뿐 강도시기와 관련된 유구는 발견되지 않았다. 다만 매병, 향완, 마상배 등 13세기에 제작된 양질의 청자들이 상당량 출토되었다. 이곳에서 확인된 유물은 발굴 부지가 주변 지역보

---

17) 관청리라는 제한된 공간에 여러 유적이 조사되었기 때문에 유적 명칭만 서술하면 혼란스러울 수 있다. 따라서 여기에서는 유적명과 함께 유적의 지번을 같이 사용해 독자의 이해를 돕고자 한다.

18) 김창현, 2005, 앞의 글, 242쪽.

북산

○ 황교골 유적

고려궁지

○
관청리 659-2 유적

관청리 405 유적 ○ 성공회 성당
○
○ 관청리 145 유적
관청리 635 유적

강화산성

동락천 견자산

남산

관청리 일대 강도시기 유적 분포현황

다 상대적으로 낮은 곳에 있는 탓에 지대가 높은 주변지역에서 유물이
흘러 들어온 것으로 여겨진다.[19] 이와 관련하여 유적에서 담수와 관련
된 층위가 확인되고, 2,000여 점에 달하는 소뼈가 출토된 것을 볼 때,
이 일대에 조선시대 이전에 조성된 연못이 있었을 가능성이 제기되었
다. 관청리 405번지 일대는 개경 궁궐의 동쪽에 위치한 東池와 같은
연못이었다는 것이다.[20] 좀 더 검토가 필요하겠지만 발굴 자료로 볼
때 적어도 용흥궁 주차장 부지는 강도 궁궐의 핵심 공간은 아닐 가능성
이 높다.

---

19) 한강문화재연구원, 앞의 책.
20) 이상준, 2014, 「고려 강도궁궐의 위치와 범위 검토」, 『문화재』 제47-3호, 국립문화재
    연구소, 120~121쪽.

향교골의 강화여고 기숙사부지에서 조사된 3개의 건물지는 훼손이 심해 정확한 구조를 파악하기는 어렵지만 건물의 전, 후면에 퇴칸을 두거나 회랑으로 둘러싸인 형태로 보고되었다.[21] 건물터에서는 13세기로 편년되는 잔, 화형접시 등 고급 청자와 벼루, 소형 금동삼존불이 출토되었다.

고려궁지에서 남서쪽으로 180m 떨어진 성광교회 부근(관청리 659-2번지)에서는 고려~조선시대 건물지 4기가 확인되었다. 그 중 강도시기에 축조된 것으로 파악된 1호 건물지는 정면 7칸(주칸거리 265~300cm), 측면 1칸(주칸거리 325cm)의 회랑식 건축물로 확인되었다. 그런데 회랑식 건축물은 남쪽으로 건물터 일부만 노출된 2호 건물지와 계단으로 연결되어 있고 북쪽으로도 3호 건물지와 연결되는 양상이 확인됨에 따라 3개의 건물이 회랑을 중심으로 연결되어 있는 것으로 파악되었다.[22]

능선 동쪽의 강화군청 주변에서 확인된 유적 가운데 강화군청 별관부지(관청리 163번지)에서는 3개 층에 걸쳐 근대~고려시대 유구가 중복되어 확인되었다. 이 중 고려시대에 해당되는 것은 건물지 2기와 하부에서 발견된 석축이다. 1호 건물지의 규모는 정면 6칸(주칸거리 370cm)에 측면 4칸(주칸거리 130cm)이며 기단은 길이가 25m가량이다. 2호 건물지는 기단석렬의 일부만 확인된 상태로 조사구역 바깥으로 유구가 연결되고 있다.[23] 이곳과 인접해 강화군청 노외주차장 부지(관청리 145번지)에서는 기단과 축대, 배수로가 각각 1기씩 확인되었고 步道시설이 조사되었다. 기단과 축대는 기반암을 일부 삭평한 후 그 위에 다듬은 장대석

---

21) 서경문화재연구원, 앞의 책.
22) 한국문화유산연구원, 2011, 앞의 책.
23) 한국문화유산연구원, 2015, 앞의 책.

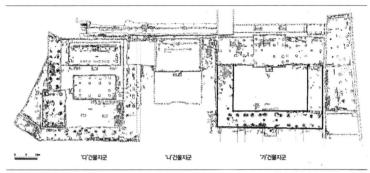

'다'건물지군　　　'나'건물지군　　　'가'건물지군

개경 서부 건축군(국립문화재연구소)

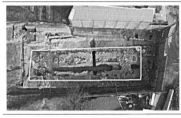

성광교회 뒤편 회랑 건물지 (한국문화유산연구원)	진도 용장산성 왕궁지 B지구 회랑 건물지 (목포대박물관)

659-2번지유적 회랑건축물과 개경, 진도 궁궐 건물지

을 이용해 축조했다. 유물로는 귀목문 암막새와 기와등이 출토되었다.[24]

지금까지 관청리 일대에서 확인된 유적 가운데 성광교회 부근의 관청리 659-2번지 유적이 가장 주목된다. 정면 7칸에 이르는 회랑식 건축물과 이를 중심으로 남북으로 건물이 연결되는 형태는 개경 궁궐에서도 확인되고 있어 건물의 위계를 짐작해 볼 수 있다. 3개의 건축군으로 구성된 개경 궁궐의 서부 건축군에서 각 건축군은 북쪽에 중심 전각을 배치하고 가운데 中庭을 중심으로 삼면을 회랑이 '回'자형으로 둘러싸고 있는 형태다.[25] 회랑 건축물의 규모는 '가' 건축군의 경우 중심

24) 계림문화재연구원, 2014, 앞의 책.

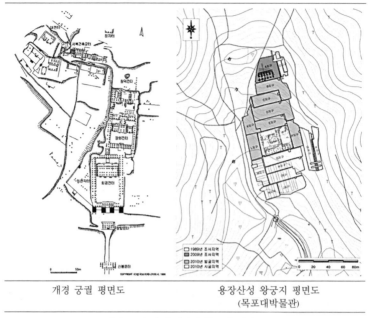

개경 궁궐 평면도　　　　용장산성 왕궁지 평면도
　　　　　　　　　　　　　　(목포대박물관)

개경 궁궐 및 용장산성 왕궁지 평면도

전각의 좌우로 정면 4칸의 회랑이 배치되고 여기에 남쪽으로 정면
7칸의 회랑이 위치한다. 전각과 회랑 건축물 사이에는 계단이 설치되어
전각과 회랑 건축물이 하나의 건축군을 이룬다.

　이러한 건축물의 배치 구조는 진도 용장산성 왕궁지에서도 확인된
다. 용장성 왕궁지 B지구에서는 정면 10칸 측면 1칸의 회랑에 이어
좌우측에 정면 2칸 측면 1칸의 회랑건물이 계단으로 이어지고 있으며
이는 다시 남쪽 축대 위에 자리한 중심 전각과 연결된다.26) 이것으로
볼 때 중정을 중심으로 회랑과 전각을 연결하는 형태는 고려시대

---

25) 국립문화재연구소, 2012, 앞의 책.

26) 목포대학교박물관, 2011, 『진도 용장산성내 시·발굴조사 약보고서』, 3~4쪽. 10칸
　　회랑 건축물은 주칸 거리가 정면은 평균 352cm, 측면은 314cm 내외로 성광교회
　　유적의 회랑 건축물에 비해 정면 주칸의 거리는 넓고 측면은 약간 좁다.

궁궐 건축의 전형적인 구조로 여겨진다. 용장산성은 1270년(원종 11) 삼별초의 지휘관이었던 배중손이 개경 환도와 삼별초 해체에 반발해 그해 6월 강화를 떠나 진도로 들어가 세력의 거점을 이루었던 곳이다.[27] 당시 삼별초는 왕족인 왕온을 추대해 국왕으로 삼고 독자적인 정부를 구성했고[28] 용장산성 내에 있었던 사찰을 활용해 궁궐을 건설하였다.[29] 용장산성의 왕궁은 개경과 대응하는 새로운 정부의 상징적인 공간으로 궁궐의 조영 과정에 개경 궁궐의 구조가 적용되었을 것이다.

일부 제한된 범위만 조사가 이루어진 상황이라 단정할 수는 없지만 정면 7칸의 회랑식 건축물은 일반적인 건축에서는 잘 적용되지 않는다는 점 그리고 개경 궁궐과 용장산성 왕궁도 전각과 회랑 건축물이 세트를 이루어 하나의 건축군을 구성하는 것을 볼 때 관청리 659-2번지에서 발견된 건물터는 궁궐의 흔적일 가능성이 높다. 그리고 조사범위 바깥으로 회랑식 건축물이 계단을 통해 다른 건물지와 연결되는 것을 볼 때 유적 주변, 즉 고려궁지 서남쪽과 궁골 일대에 궁궐의 전각들이 분포하고 있을 것으로 생각된다.[30]

향교골 유적은 잔존상태가 좋지 않아 건물지의 구체적인 성격을 파악하기는 어렵지만 회랑의 흔적으로 추정되고, 고급 청자가 출토된 점을 볼 때 궁궐과 관련된 건물이거나 관청일 가능성이 높다.[31] 이렇다고 한다면 향교골 일대도 강도 궁궐의 범위에 포함되거나, 적어도 강도의 핵심적인 공간이었던 것으로 추정된다.

27) 용장산성은 둘레 13km의 석축성이다(목포대학교박물관, 2006, 『진도 용장산성』).
28) 『高麗史』 권26, 世家26 元宗 11년.
29) 목포대학교박물관, 2011, 앞의 책.
30) 궁골이란 지명은 강도의 수진궁이 있었다는데서 유래한 명칭이라고 전하고 있다(인천광역시, 1998, 『인천의 지명유래』, 483쪽).
31) 향교골 유적에서 불상이 출토되었으나 그 길이가 약 10㎝에 불과해 호신불이었을 가능성이 높기 때문에 건물지의 성격을 사원으로 단정하기는 어렵다.

지금까지 관청리 일대에서 확인된 고고학적 자료를 종합해 보면 용흥궁 주차장부지(관청리 405번지)는 궁궐의 주요 공간이 아닌 것이 확인되었다. 관청리 659-2번지에서 궁궐의 흔적으로 판단되는 건축물이 발견된 것으로 볼 때 강도의 궁궐은 고려궁지 서쪽과 남서쪽의 궁골 일대에 자리하고 있었을 가능성이 높다.

강화군청 주변 유적도 유구의 규모나 축조 수준으로 볼 때 일반적인 건축물의 흔적은 아닌 것은 분명해 보인다. 그러나 이곳과 궁골 사이에는 능선이 가로지르고 있어 공간적으로 분리되어 있고 거리상으로도 상당히 떨어져 있다. 따라서 이 유적들은 궁궐의 흔적이라기보다는 견자산 자락에 위치했던 강도시기 관청 건물이거나, 이 일대에 자리했던 것으로 전하는 최우의 진양부와 관련이 있을 가능성이 있다.[32]

한편 궁골 일대의 지형은 평지에 가까운 얕은 구릉으로 이루어져 있어 산중턱의 경사면을 정리해 단을 형성한 고려궁지에 비해 상대적으로 궁궐의 입지로 적합지 않다고 볼 수도 있다. 하지만 개경 궁궐은 송악산의 산 사면이 아니라 산 아래 낮은 구릉지대에 자리 잡았고 자연지형을 따라 흙을 높이 돋아 축대를 설치한 뒤 전각을 차례로 배치하였다. 용장산성의 왕궁은 산중턱에 위치하지만 곡간의 완만한 지형에 경사면을 따라 축대를 쌓아 건설한 점이 개경과 같다.[33] 강도 궁궐의 입지도 틀림없이 개경과 용장산성의 궁궐과 닮았을 것이다. 그렇다면 완만한 구릉으로 이루어진 고려궁지 서쪽과 남서쪽 일대가 지형적인 면에서도 '고려궁지'보다 궁궐의 입지로서 더 적합하다고

---

32) 이상준, 2014, 앞의 글, 119쪽.
33) 윤용혁은 용장산성 내 궁궐터는 치밀한 배치와 규모로 볼 때 삼별초의 진도 이동 이전부터 설계와 기본적인 작업이 이루어진 것이며 따라서 진도로 삼별초가 이동한 것은 천도의 개념으로 이루어 진 것으로 보고 있다(윤용혁, 2014, 『삼별초』, 혜안, 198~203쪽).

강도 궁궐터가 있었던 것으로 추정되는 지역

하겠다.[34)]

2) 궁성의 범위와 규모

강도의 궁궐이 고려궁지 남서쪽과 서쪽의 궁골 일대에 자리 잡고 있었다고 한다면 궁궐을 둘러싼 궁성의 규모와 범위는 어떠했을까?

강도 궁성에 관한 내용은 전하지 않지만 앞에서도 언급하였듯이 강도에도 궁성의 문 이름이 확인되는 것으로 보아[35)] 궁성이 있었던

---

34) 고고자료에 더해 관청리 일대의 지적도에 있는 하천의 흔적과 옛 도로형태를 토대로 강도 궁궐의 위치와 궁성의 범위를 추정해 본 연구가 주목된다. 이에 따르면 강도 궁궐은 궁골 일대에 자리했으며 궁성은 평면형태가 주머니 모양이고 그 둘레는 약 1,500m 정도다(이상준, 2014, 앞의 글, 119~125쪽).

35) 『高麗史』 권25, 世家 25 元宗 원년 3월, "…自承平門入闕…" ; 『高麗史』 권54, 志8 元宗 6년 7월 "虎入闕東門…".

것은 분명해 보인다. 다만 구체적인 성의 형태는 알 수 없는데 개경의 궁성은 토성이며,36) 『신증동국여지승람』 등에도 내·외성을 흙으로 쌓았다고 전하고 있는 것을 볼 때 강도의 궁성도 토성이었을 가능성이 높다.37)

궁성의 규모에 대해서 『신증동국여지승람』의 내성이 궁성을 가리키는 것으로 보고 둘레 3,874척을 궁성의 규모로 이해하거나38) 『강화부지』에 전하는 '舊城'이 궁성을 기초로 건설되었을 것으로 보고, 이 성의 둘레 1,658步를 궁성의 규모로 파악하기도 한다.39)

우선 『강화부지』에 전하는 '舊城'과 강도의 궁성이 서로 관련이 있을 수 있는지 살펴보자. 강화부성은 정확한 축조 시기는 알 수 없지만 처음에 석축성이었다가 병자호란 당시 강화부가 청군에게 함락되면서 파괴된 것을 1677년(숙종 3) 전면은 석축, 후면은 토축으로 개축하였다고 전한다.40) 당시 부성의 범위에는 남산과 견자산이 포함되지 않는데 강화부를 한눈에 내려다 볼 수 있는 남산이 성안에 있지 않아 방어 상 효율이 떨어지기 때문에 남산을 포함해 성곽을 확장해야 한다는 필요성이 제기되었다.41) 이후 격렬한 논쟁을 끝에 기존 부성 범위를 견자산과 남산을 포함해 확장하면서 1711년(숙종 37) 지금의 강화산성이 완성되었다.42)

---

36) 전룡철, 1980a, 앞의 글, 20쪽.
37) 강도의 궁성은 담장, 宮牆의 형태였을 가능성도 배제할 수 없다.
38) 김창현, 2003, 앞의 글, 204쪽.
39) 윤용혁, 2005, 앞의 글, 209쪽.
40) 『餘地圖書』「江都府志」城池 ;『江華府志』城郭.
41) 『肅宗實錄』권22, 肅宗 16년 5월 癸卯 ;『肅宗實錄』권46, 肅宗 34년 12월 乙巳.
42) 부성 확장을 위한 축성공사는 오랜 논의 끝에 숙종 35년(1709) 본격적으로 이루어지기 시작했는데(『肅宗實錄』권47, 肅宗 35년 10월 기해) 성곽 확장에 따른 공역과 노역 등의 어려움을 이유로 확장을 반대하는 의견에 따라(『肅宗實錄』권47, 肅宗 35년 8월 무오) 기존 성곽을 개축하는 것으로 공사 범위가 축소된 채로 숙종

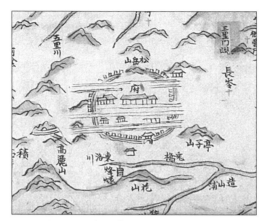

확장이전 강화부성(『강도지』, 인천시립박물관)

강화산성과 옛 강화부성(강화지도, 18세기초, 고려대박물관)

확장되기 이전 강화부성의 모습은 여러 고지도에서 확인되는데 특히 강화지도(18세기 초, 고려대박물관 소장)에는 기존 부성이 남아있는 상태에서 건설 중인 강화산성이 함께 그려져 있어 성의 변화 양상을 살펴볼 수 있다. 이 지도에 의하면 확장 이전 강화부성의 규모는 현재의 강화산성보다 작은 것은 물론, 그 범위도 강화읍을 동서로 가로지르는 동락천 북쪽에 한정된다.

정확한 노선을 파악하기는 어렵지만 고지도에 묘사된 성벽을 보면 옛 부성은 송악산의 능선부를 포함해 북산의 남사면에 자리한 강화부를 둘러싸고 있다. 이를 현재 지형에 대입해 보면 고려궁지를 중심으로 동쪽은 성공회 강화성당이 위치한 능선, 남쪽으로는 강화읍을 가로지르는 48번 국도를 경계로 한다. 서쪽은 고지도에 성벽의 흔적이 지워져 있어 정확한 노선을 알 수 없으나 궁골 일대를 지나 북산 능선으로 이어지는 것으로 보인다. 『속수증보강도지』에는 옛 강화부성의 남문은 현재 김상용 순절비 부근에, 서문은 향교 부근 그리고 동문은 성공회성당 북쪽에 있었던 것으로 전한다.[43] 이를 도상으로 추정해 보면 강화지도에 나타난 부성의 범위와 대략 일치한다.

이처럼 옛 부성의 범위는 강도의 중심지에 해당되기 때문에 강도 궁성과 공간적으로 연계될 가능성이 없지 않다. 그러나 이것은 강도의 궁궐이 '고려궁지'에 위치하고 있을 때 해당된다. 옛 부성은 고려궁지 일대에 위치했던 강화부의 치소를 중심으로 축조되었을 것인데 앞에서

36년(1710) 1차 공사가 완료되었다. 이후 기존 성곽을 그대로 활용하고 있는 일부 구간에 대한 개축과 남산과 견자산에 돈대를 쌓는 2차 축성공사가 시작되었는데 이 과정에서 강화유수 민진원이 남산에 대한 방비의 중요성을 적극 역설하여 강화부성을 확장하기로 하여(『備邊司謄錄』 60책, 숙종 36년 8월 27일) 숙종 36년 (1710) 가을부터 숙종 37년(1711) 봄까지 남산과 견자산을 연결하는 축성공사가 이루어졌다.

43) 『續修增補江都誌』 城郭.

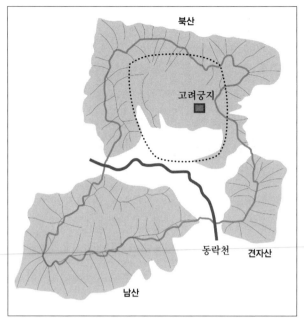

확장이전 강화부성의 추정 범위

살펴본 것처럼 강도 궁궐터는 '고려궁지'가 아니라 그보다 남서쪽에
자리 잡았던 것으로 여겨진다. 따라서 궁성과 부성의 성벽 노선은
다르다고 볼 수밖에 없다.

이와 관련하여 앞에서 살펴본 것처럼 1428년(세종 10) 강화부성의
축성을 논의하는 과정에서 부성을 축성할 곳을 옛 궁궐터로 기록하고
있을 뿐 궁성에 대해서는 전혀 언급이 없고,[44] 『신증동국여지승람』에도
강도 궁궐에 대해 "城과 대궐은 빈터만 남았다"고 전한다.[45] 이는 조선
전기 강화부성을 축조하기 이전부터 강화읍 일대에는 궁성의 흔적이
남아있지 않았음을 보여준다. 따라서 옛 강화부성과 강도의 궁성이

---

44) 『世宗實錄』 권39, 世宗 10년 10월 1월 14일.
45) 『新增東國輿地勝覽』 江華都護府, 宮室, 鄭以吾 記文.

공간적으로 서로 연계되었을 가능성은 높지 않아 보인다.

한편 강화부성의 둘레를 궁성의 규모로 파악하는 것도 의문의 여지가 있다. 「강도부지」에 기록된 부성의 둘레 1,658보는 1보를 6척으로 환산하면 9,948척이 된다. 기왕에는 여기서 用尺을 주척(20.795cm)으로 보고 이를 대입해 부성의 둘레가 약 2.08km인 것으로 보았다.[46] 그런데 여기서 사용된 척을 주척으로 파악한 것은 조선시대 이정법에서 1步=6척(주척)을 기준으로 본 것이지만[47] 「강도부지」가 수록된 『여지도서』에서는 성곽의 규모를 측정하는 기준으로 영조척과 주척, 포백척 등 다양한 척이 사용되었다. 조선시대 지리지에서는 성곽의 규모를 기술하는 데 적용된 척이 다양하고 동일한 자료에서도 군현별로 용척이 달라[48] 어느 것을 선택하느냐에 따라 성곽의 규모가 달라지기 때문에 조심스러운 접근이 필요하다.

그런데 여기서 중요한 것은 강화부성은 그 둘레를 기록한 『여지도서』가 간행되기 이전에 축조되었고 당시에는 여러 차례의 수축을 거쳐 이미 강화산성이 건설된 상태였다는 점이다. 즉, 부성의 둘레 1,658보는 실측 거리가 아니라 축성 당시의 기록을 전하고 있는 것이며[49] 따라서

---

46) 김창현, 2003, 앞의 글, 204쪽.
47) 박흥수, 1999, 『한·중도량형제도사』, 성균관대학교 출판부, 603~604쪽.
48) 심정보, 앞의 책, 349~350쪽. 尺의 길이는 동일한 척이라도 시기별로 조금씩 변화가 있어 혼란스러운데 세종대 척의 이전시기부터 사용된 다양한 척의 교정 결과를 정리하면 다음과 같다. 이 표는 이종봉의 책 <표 17>을 전재한 것이다.

구분	경국대전	길이(cm)
黃鐘尺	1.000	약 34.48
周尺	0.606	약 20.62
營造尺	0.899	약 30.8
禮器尺	0.823	약 28.63
布帛尺	1.348	약 46.66

49) 문헌상의 성곽의 둘레는 앞선 기록을 다음 문헌에서 그대로 사용한 예가 많아 적용된 척을 규명하는 것이 필요하다(손영식, 2009, 『한국의 성곽』, 주류성, 739쪽).

강화부성의 둘레는 『여지도서』가 간행되는 시점이 아니라 이 성이 건설되었던 조선 전기를 기준으로 파악하는 것이 맞다. 부성의 축성 시기는 분명하지는 않지만 이미 보았듯이 16세기 전반에는 축조되었을 가능성이 높기 때문에, 부성의 둘레를 표시하는 데 사용된 척은 『신증동국여지승람』의 용척을 적용하는 것이 적절할 것으로 보인다. 『신증동국여지승람』에는 포백척과 영조척을 함께 사용하고 있는데[50] 강화부에서는 적용된 척을 확인할 수 있는 사례가 확인되지 않는다. 다만 인근 교동현의 경우 화개산성의 실측치와 기록상의 둘레 3,534척을 비교해보면 영조척을 적용하였음을 알 수 있다.[51] 따라서 부성의 둘레를 1,658보 =9,948척에 영조척 30.8cm를 적용해 보면 약 3,060m로 주척을 대입한 측정치와 약 1km의 오차가 생긴다.[52]

한편 고지도에 나타난 옛 부성을 현재의 지형에 적용해 보았을 때 부성의 둘레를 도상에서 측정해 보면 약 2.5~3km이다. 이는 추정에 의한 것이기는 하지만 강화부성의 둘레에 사용된 용척으로 영조척을 적용한 길이와도 부합된다. 따라서 옛 강화부성의 둘레는 기왕에 추정했던 2km 이상이라 보는 것이 합리적이라 생각된다.

강화부성의 둘레가 이렇다면 궁성 또한 이와 비슷한 범위가 되어야

---

50) 심정보, 앞의 책, 347쪽.

51) 화개산성은 정상부에 테뫼식으로 설치된 내성과 여기에 덧붙여 포곡식으로 축조된 외성으로 이루어져 있으며 총 길이는 2,168m, 내성 1,013m, 외성은 1,155m대(육군박물관, 앞의 책). 화개산성의 둘레 3,534척에 영조척 30.8cm를 대입하면 약 1,088m이며 포백척을 적용하면 1,646m인데 포백척은 내성 또는 외성의 둘레와 부합되지 않는다. 그런데 내성과 외성은 구조상 시차를 두고 축조되었을 것으로 보이는데 1677년(숙종 3)의 화개산성에 대한 수축을 하면서 외성과 내성중 하나가 축조되었을 가능성이 높다(『肅宗實錄』 권6, 肅宗 3년, 2월). 이렇게 본다면 『신증동국여지승람』의 화개산성의 둘레는 내성과 외성 가운데 어느 한 성의 둘레를 기록한 것으로 보이며 따라서 여기에서는 영조척이 적용되었음을 알 수 있다.

52) 조선시대 영조척은 산릉의 축조와 대소신료의 저택의 규격, 한양 도성의 둘레 측정 등의 기준척으로 사용된 것으로 알려져 있다(이종봉, 앞의 책, 101쪽).

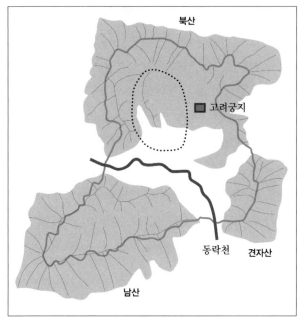

추정 강도 궁성 위치와 범위

하는데 개경의 궁성 둘레가 2,170m인 점을 감안하면 이를 강도 궁성의
규모로 보기는 지나치게 크다. 후술하겠지만 강도는 1234년(고종 21)
정월과 3월에 궐남리에서 화재로 민가 수천 채가 불탔다는 기록으로
보아[53] 천도 이후 급속하게 도심이 형성되었으며 밀집도가 매우 높았음
을 알 수 있다. 이처럼 좁고 밀집된 공간에서, 더욱이 전시 상황이라는
점을 고려할 때 강도의 궁궐이 개경 본궐 보다 더 크게 건설되었다고
보기는 어렵다. 따라서 궁궐의 기본적인 구조는 개경의 것을 모방했지
만 규모는 축소가 불가피했다고 판단된다.

이와 같이 옛 강화부성이 궁성을 토대로 축조되었을 것으로 보기는

---

53) 『高麗史』 권53, 志7 五行 火.

어려우며 그에 따라 부성의 둘레를 기준으로 궁성의 규모를 판단할 수 없다고 본다. 따라서 강도 궁성의 규모는 『신증동국여지승람』에 전하는 내성의 길이 3,874척, 약 1.2km로 보는 것이 합리적일 것이다. 다만 도량형과 실제 길이의 오차를 감안하면 강도 궁성의 둘레는 약 1~1.5km 범위였을 것으로 생각된다.

2. 강화읍 외곽토성의 구조와 성격

1) 현황과 구조

강화읍 외곽토성은 강도가 자리했던 오늘날 강화읍 일대를 불규칙한 방형의 형태로 둘러싸고 있다. 이 일대의 지형은 북산과 남산 그리고 견자산이 작은 분지를 만들고 그 바깥으로 고려산과 혈구산에서 뻗어 내린 산줄기가 이를 에워싼 모습이다.[54] 토성의 성벽은 강화읍 동북쪽의 옥림리에서 시작해 북산과 남산의 능선을 따라 이어진다. 이후 혈구산 동쪽 줄기로 이어져 찬우물과 대문고개를 거쳐 신정리의 바닷가로 연결된다. 그러나 동쪽 해안 구간에서는 성벽의 흔적이 확인되지 않는다. 토성의 둘레는 성벽이 확인되지 않은 해안 구간을 제외하고 약 11,390m다.[55] 성벽의 높이는 약 2~3m이며 너비는 위쪽이 1~2.5m, 아래쪽은 10~15m 가량이다.

토성의 노선을 구체적으로 살펴보면 다음과 같다. 성의 동북쪽을 시점으로 성벽은 옥림리 옥창돈대 부근에서 시작해 봉재산 능선을

---

54) 북산과 남산, 견자산으로 둘러싸인 곳은 오늘날 강화읍의 중심지에 해당한다.
55) 한울문화재연구원, 2010a, 앞의 책, 5쪽.

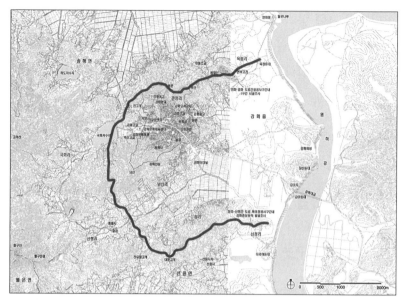

강화읍 외곽토성 현황(한울문화재연구원)

따라 이어지다가 북산의 정상부로 연결된다.[56] 이곳에서 토성은 강화
산성의 동북쪽 회절부와 연결되면서 약 1.3km가량 강화산성 북벽과
중복된다. 현재 북산 정상부의 능선 구간에서 토성의 흔적은 확인되지
않지만 강화산성 북서쪽 회절부에서 성벽이 다시 이어지는 것으로
보아 강화산성과 중첩되었을 것으로 보인다.[57]

성벽은 강화산성 북서쪽 회절부에서 강화읍에서 송해면 방면으로
향하는 길목인 진고개를 가로질러 서쪽의 국화저수지를 거쳐 남산의
정상부로 이어진다.[58] 현재 저수지 구간은 물에 잠겨 있어 성벽이

---

56) 옥창돈대에서 북장대까지의 구간은 『朝鮮古蹟遺物圖報』와 『文化遺蹟總攬』에서 옥
림리 산성으로 소개되었다.

57) 다만 토성과 강화산성의 중첩 양상 등에 대해서는 향후 발굴조사가 이루어져야
구체적으로 파악할 수 있을 것이다.

58) 지난 2000년의 조사에서는 토성이 강화산성의 북동쪽 회절부에서부터 남산의

선행리 일대에 남아있는 토성

남아있는지는 알 수 없지만 일제강점기 지적원도에 토성의 표시가
되어 있고 『속수증보강도지』에도 이 구간의 노선에 대해 자세히 기록이
남아있는 것으로 보면 저수지가 건설되기 전에는 성벽이 남아 있었던
것으로 보인다.[59]

  남산 정상부에서 성벽은 산 남쪽 사면을 따라 내려온 뒤 충렬사
동쪽을 거쳐 찬우물고개와 대문고개까지 연결된다. 대문고개에서는
성벽이 동쪽으로 꺾이면서 선원사지 뒤편 능선을 따라 신정리까지

남장대까지 중첩되는 것으로 파악하였다(육군박물관, 2000, 『강화도의 국방유적』,
55~71쪽). 그러나 최근 조사에서 기존에 보고된 성벽의 노선보다 서쪽으로 확장되어
있는 것이 확인되었다(인천시립박물관, 2009, 『고려시대의 강화』 ; 한울문화재연구
원, 2010a, 앞의 책).

[59] 『續修增補江都誌』에는 중성, 즉 강화읍 외곽토성이 옥림리 성문현~봉악 동북~송
악~용장현~연화동~남산~선행리에서 평원을 지나서 냉정현~대문현에서 산등
성이를 따라서 도문현~현당산~창성에 이른다고 되어있는데 이 가운데 고려저수
지 구간은 송악~용장현~연화동 구간에 해당한다.

옥림리 구간 토성

이어진다. 찬우물고개를 거쳐 신정리로 이어지는 구간은 조선시대 고지도에 '土城'으로 표시되어 있고, 강화 읍지에는 '大門峴 土城'으로 기록되어 있다.[60]

강화읍 외곽토성은 토성의 동북쪽과 남동쪽에 있는 옥림리와 신정리 2개 구간에서 발굴조사가 이루어졌다.[61] 각 지점에서 조사된 성벽은 출토유물과 규모, 세부적인 구조에서 일부 차이가 있지만 축조방식은 동일한 것으로 파악된다. 다만 신정리 구간은 조사된 성벽의 범위가 20여m에 불과하고 그나마 도로와 경작지로 인해 성벽이 훼손된 부분이 많아 전체적인 양상을 파악하는데 어려움이 있다. 이에 비해 옥림리 구간은 조사범위가 120m에 달하고 보존상태도 좋기 때문에 여기서는 옥림리 구간을 기준으로 토성의 구조를 살펴보도록 한다.

---

60) 토성 북동쪽의 옥림리 구간은 '장령의 城門峴'으로 기록되어 있다.
61) 인하대학교박물관, 2011, 앞의 책 ; 중원문화재연구원, 2012, 앞의 책.

옥림리 구간 토성의 구조

    토성의 성벽은 기저부의 안쪽과 바깥쪽에 기단석렬을 나란히 설치한
뒤 그 사이에 판축으로 중심토루를 쌓고, 석렬 바깥에 기와를 깐 뒤
그 위를 외피로 덮은 구조로 이루어져 있다. 성벽 바깥쪽 기단석렬의
폭은 85~120cm, 안쪽은 42~75cm로 바깥쪽이 더 넓다. 내·외측 석렬간
너비는 지점별로 조금씩 차이가 있지만 약 4~4.75m 정도다. 기단석렬은
약 30~50cm 가량의 장방형 석재를 이용해 2~3단으로 축조되었다.
석렬 바깥쪽에는 약 4m 간격마다 영정주 초석이 돌출되어 있다. 중심토
루의 판축 양상이 영정주 초석을 기준으로 차이가 있는 것으로 보아
영정주 간격을 단위로 성벽 축조가 이루어졌음을 알 수 있다.[62] 영정주
초석과 초석 사이에는 석렬을 따라 횡장목을 지탱했던 것으로 보이는
목주의 흔적도 확인되었다.

---

62) 중원문화재연구원, 2012, 앞의 책, 24쪽.

중심토루는 사질토와 점질토를 각각 2~5cm 두께로 교대로 쌓아올려 만들었다. 토루의 높이는 1.3~2.1m이며 너비는 아래쪽이 4.5m, 위쪽 3.8m로 위로 갈수록 너비가 줄어드는 사다리꼴을 띠고 있다. 중심토루의 단면과 측면에서는 횡장목과 종장목의 흔적이 일부 확인된다. 횡장목은 길이 4m, 너비 20cm, 두께 10cm 내외의 긴 장방형 판재를 여러 단 쌓아올리는 방식으로 설치되었다.

와적층은 성벽에 스며든 빗물의 배수를 원활하게 하고 성벽 기저부의 붕괴를 방지할 목적으로 설치하였다.[63] 기단석렬에서 약 2m 가량 바깥에 2~4.5m의 너비로 기와편을 깔았다. 옥림리 구간의 와적층에서는 어골문과 복합문, 집선문 등이 시문된 고려시대 기와가 주로 출토되었다.

한편 신정리 구간의 성벽은 옥림리 구간과 비교할 때 성벽의 규모는 작지만 출토유물의 시기는 앞선다. 이 구간의 성벽은 내·외측 기단부 석렬 사이의 너비가 3~3.4m, 영정주 적심의 간격도 3.4m로 옥림리 구간에 비해 각각 1m와 0.6m가량 좁다. 와적층에서 출토된 기와는 무문과 사격자문, 선문 등의 통일신라시대 기와가 중심을 이룬다.

2) 토성의 특징과 축조시기

(1) 구조적 특징

강화읍 외곽토성은 삼국시대 말부터 고려시대까지 건설된 토성 축조 전통에 속한다. 하지만 이 토성을 강도의 도성으로 보기 위해서는

---

63) 김호준, 2007, 「경기도 평택지역의 토성 축조방식 연구」, 『문화사학』 27, 743~744쪽.

규모나 축조 수준이 도성의 위상에 부합되는지를 파악해야 하며 축성 시기도 강도시기로 구체화되어야 한다. 따라서 여기에서는 강화읍 외곽토성과 동일한 축조 전통에 속해 있는 유적과의 비교를 통해 이 토성의 특징과 축조시기를 살펴보도록 하겠다.

토성은 삼국시대부터 한반도에 등장하기 시작했다. 풍납토성, 몽촌 토성, 포곡식 부소산성, 양산 순지리 토성, 청주 정북동 토성 등이 대표적인 유적이다. 이러한 삼국시대 토성은 판축용 구조물 없이 순수 판축으로 축조되었다.[64] 토성 성벽은 먼저 체성의 기초를 다진 뒤 판축으로 중심 토루를 쌓은 후 그 위에 외피를 덧붙였다. 판축을 위해 판목을 설치하는데 이것을 고정시키기 위해 목주를 설치한다. 그러나 6세기경까지는 횡장목과 종장목 등 판축용 구조물은 토성에서 보편적 으로 사용되지 않았다.[65] 다만 6세기 후반에 축조된 포곡식 부소산성(사 비성)처럼 횡장목과 종장목이 사용된 예도 있어 성곽의 위상에 따라 판축 구조물이 차별적으로 사용되었을 가능성이 있다.

한편 6세기 후반에 들어서면서 토성의 기단부에 석렬을 설치하는 방식이 등장한다.[66] 이러한 토성 축조기법의 기원에 대해서는 아직 알려진 바 없으나 지금까지 조사된 바로는 6세기 후반 백제토성에서

---

64) 판축은 성벽, 담장, 건물의 기단을 조성하면서 판목을 이용해 틀을 만들고 내부에 일정한 두께의 사질토와 점질토를 교대로 版狀으로 펴서 방망이로 다진 다음 반복해서 흙을 쌓아 올리는 기법이다. 판축기법은 중국에서는 抗土라고 하며 중국 신석기시대 龍山期부터 사용되었던 것으로 알려져 있는데 건축용 석재 확보가 어려운 중국의 자연환경에서 성곽과 건물 등의 견고함을 보장하기 위해서 출현한 것으로 이해되고 있다(국립문화재연구소, 2011b, 앞의 책, 1239쪽).

65) 고용규, 2007, 「한국남부지역 판축토성의 연구」, 『고문화』 58, 42~46쪽.

66) 김용민, 1997, 「부소산성의 성벽축조기법 및 변천에 대한 고찰」, 『한국상고사학보』 26 ; 김호준, 2007, 「경기도 평택지역의 토성 축조방식 연구」, 『문화사학』 27 ; 나동 욱, 1996, 「경남지역의 토성 연구-기단석축형 판축토성을 중심으로」, 『박물관연 구논집』 5, 부산박물관 ; 백종오, 2006, 「부소산성의 축성기법과 특징」, 『부소산성』, 부여군.

처음 확인되는 것으로 알려져 있다.[67]

이렇게 삼국시대 후반에 새롭게 등장한 토성의 축조방식에서 가장 특징적인 것은 기단부에 석렬을 설치하는 것이다. 석렬의 기능은 영정주를 고정시키고 판축을 위한 거푸집을 놓거나, 중심 토루의 기단부를 보강하여 보다 견고하게 하면서 판축 토루의 유실을 방지하는 것이다.[68] 그러면서 판축을 위해 설치한 영정주의 간격도 넓어지게 된다. 순수 판축토성의 목주 간격은 1~2m인데 비해 기단부에 석렬이 축조된 토성의 영정주 간격은 유적마다 차이가 있지만 약 3~4.5m 로 2~3배 늘어난다.

이처럼 기단부에 석렬을 설치하고 3~4m 단위로 토루를 판축하는 방식은 기존의 토성이 순수하게 흙으로만 축조됨으로써 많은 공력이 드는 데 비해 석재를 활용해 축조과정에서 효율성을 증대시키면서도 보다 견고하게 성벽을 축조할 수 있는 기술적 진전으로 이해되고 있다.[69] 여기에서는 이전 시기의 순수판축토성과 구분하여 기단부에 석렬이 설치된 토성을 기단석렬 판축토성으로 분류하기로 한다.[70]

---

67) 기단석렬이 설치되는 토성은 일본에도 분포하는데 석렬은 神籠石(カウゴイシ)으로 불리며 신롱석이 설치된 토성은 神籠石系山城으로 분류되고 있다. 이러한 산성은 7세기 전반경부터 축성되었고 8세기 이후에는 축조되지 않은 것으로 알려져 있다(小田富士雄, 1999, 「일본에 있는 조선식 산성의 조사와 성과」, 『고구려연구』 8집, 630~644쪽). 한편 일본의 신롱석계산성은 6세기 후반 백제의 축성기술이 일본으로 전파된 결과로 이해되고 있기도 하다(박순발, 2010, 「익산 왕궁리 유적 궁장과 신농석 산성의 기원」, 『백제연구』 52집, 백제문화연구소, 53쪽).

68) 김용민, 앞의 글, 104쪽 ; 백종오, 2006, 앞의 글, 102쪽.

69) 고용규, 앞의 글, 64쪽.

70) 순수판축토성을 무기단식 석축형으로, 석렬이 있는 토성을 기단석축형으로 분류하기도 한다(나동욱, 앞의 글). 그러나 석렬이 석축의 형태인 경우도 있지만 할석으로 단순하게 열을 이루는 경우도 많아 석축이라는 용어를 보편적으로 사용하기는 어렵다. 따라서 여기에서는 기단부에 석렬이 설치된 토성을 기단석렬 판축토성이라고 부르고자 한다.

기단석렬 판축토성은 통일신라~고려시대에 주로 축조되었다. 조선 시대에도 이러한 토성 축조 전통이 이어지고 있지만 고려 말부터는 기단석렬이 설치되지 않는 경우도 많다. 상부의 토루도 잡석과 와편 등 불순물이 혼입된 성토 다짐으로 쌓는 예가 늘어나면서[71] 이전 시기보다 축조 수준이 현격하게 떨어지게 된다.[72]

울산 반구동 토성, 울주 화산리성, 김해 고읍성, 나주 회진토성, 홍성 신금성, 천안 목천토성, 고양 행주산성, 제주 항파두성 등이 대표적인 유적이다.[73] 이 가운데 대부분은 통일신라시대에 건설된 것이다. 토성의 종류는 익산 저토성, 고양 행주산성과 같은 테뫼식 산성도 있지만 낮은 구릉성 산지와 평지를 잇는 평산성이 대부분이다. 성곽의 둘레는 짧게는 500m 미만에서부터 제주 항파두성과[74] 같이 5,000m가 넘는 대형 토성에 이르기까지 다양하다. 이 중 약 500~1,500m 정도의 규모의 성이 가장 많다. 성의 둘레가 800~1,200m 내외는 대형, 그 이상은 초대형 성곽으로 구분하는 삼국시대 성곽분류의 기준을 적용한다면[75]

---

71) 백종오, 2006, 앞의 글, 106쪽.

72) 이러한 현상은 고려 말~조선 초에 성곽의 종류가 토성 중심에서 점차 석축성으로 바뀌는 과정과 관련이 있는 것으로 알려져 있다. 중서부지역으로 한정해 볼 때 고려시대에 축조된 성곽의 70%가량이 토성일 정도로 석축성 보다 토성이 많이 축성되었다(현남주, 2003, 『경기중서부지역 중세성곽 연구』, 아주대학교 석사학위논문). 그러나 조선시대에 들어와 연해 지역을 중심으로 읍성이 세종 연간에 석축으로 대거 개축되면서 토성의 전통이 차츰 소멸되었다(경기문화재단, 『경기도의 성곽』, 238쪽).

73) 기단석렬 판축토성은 발굴조사 이전에는 토성이라는 점과 역사적 정황 등에 의해 삼국시대에 축조된 것으로 인식되는 경우가 많았다. 나주 회진성, 천안 목천토성, 홍성 신금성 등이 대표적인 예인데 발굴 결과 대부분 통일신라 이후 축성된 것으로 밝혀졌다.

74) 제주고고학연구소, 2014, 『제주 항파두성』; 2012, 『제주 항파두리 항몽유적 토성 발굴조사 간략보고서』

75) 백제의 산성의 대부분은 둘레길이가 800m 이하로 알려져 있다(서정석, 2002, 『백제의 성곽』, 학연문화사, 227쪽).

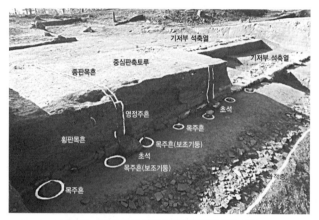

기저부 석축열

중심판축토루

기저부 석축열

종판목흔

영정주흔

초석

목주흔

횡판목흔

목주흔(보조기둥)

초석

목주흔(보조기둥)

목적층

목주흔

강화읍 외곽토성의 판목시설(중원문화재연구원)

기단석렬 판축토성은 대부분 대형 또는 초대형 성곽에 해당한다.

이처럼 기단석렬 판축토성은 이전 시기의 성곽과 비교할 때 입지가 달라졌고 규모도 상당히 커졌음을 알 수 있다. 이는 성곽 기능의 변화와 관련이 있는 것으로 보인다. 삼국시대 지방의 성곽은 교통과 방어상 요충지에 설치되어 군사적 기능을 수행하였고 주요한 거점지역에는 중대형 성곽이 설치되어 군사적 기능과 함께 지방 행정의 중심지로 역할을 했다.[76] 그러나 통일신라시대에는 종래의 군사적 위협이 줄어 들게 되면서 성곽이 가지는 군사적 의미가 점차 감소하게 된다. 특히 통일 이후 신라의 지방군현체제의 정비가 이루어지면서 성곽은 단순한 군사시설이 아니라 지방의 효율적 통치를 위한 행정의 중심지로서 의미가 커진다.[77]

---

76) 삼국시대 둘레가 600~800m 이상의 중대형 성곽이 지방제도와 관련이 있다(백종 오, 2007, 「인천연안의 고대성곽」, 『문화사학』 27호, 79쪽).

77) 687년(신문왕 7)에 9주 5소경, 115군 201현의 주·군·현 제도가 완성되었고, 757년(경덕왕 16)에 한화정책에 의해 지방군현의 명칭이 한자명으로 변경되었 다(『三國史記』 권9, 新羅本紀9 景德王 16년 12월).

성곽의 기능 변화는 입지의 변화를 수반하게 되는데 산지에 비해 공간의 효율적인 활용이 가능하고 행정 기능을 수행하기에 적합한 평지와 얕은 구릉지대가 성곽의 입지로 선호되었다.[78] 그러면서 성의 규모도 이전 시기보다 커지면서 앞에서 보았듯이 삼국시대 성곽 분류의 기준으로 보면 초대형으로 분류될 정도의 대규모 성곽이 증가하기 시작했던 것으로 여겨진다.[79]

이와 관련해 김해 고읍성은 금관소경,[80] 나주 신촌리토성은 반남군 또는 반남현,[81] 홍성 신금성은 결성현,[82] 평택 비파산성은 거성현[83] 등 통일신라시대 지방 군현의 읍치였을 것으로 추정되고 있다. 이상의 지방 군현성은 둘레가 1,000m이상이며 특히 통일신라시대 금관소경의 치소인 김해 고읍성은 둘레가 5,400m에 달해 지방 행정 구역의 위상에 따라 성의 규모도 차이가 있음을 보여준다.

다음으로 성벽의 구조적 측면을 살펴보자. 먼저 기단석렬은 성벽 기저부의 안쪽과 바깥쪽 모두 설치되기도 하지만 어느 한쪽에만 나타나는 경우도 많다. 석렬이 한쪽에만 설치되는 유형이 안팎에 모두 있는 유형보다 축조 시기가 앞선다고 보기도 한다.[84] 그러나 울산 반구동 토성, 김해 고읍성, 익산토성 등에서는 구간에 따라 석렬이 어느 한쪽에

---

78) 심광주, 2005, 「한성시기 백제산성」, 『고고학』 3-1호, 서울경기고고학회, 68쪽.
79) 군현의 중심지가 성만으로 이루어져 있지는 않았을 가능성이 높다. 성의 규모가 큰 경우 성 내에 관아와 취락이 모두 존재했겠지만, 규모가 작은 경우는 주변에 취락이 부속되어 있었을 것으로 보는 것이 합리적이다(박성현, 2010, 「신라 郡縣 중심지의 구조와 地方官衙의 위치」, 『한국고대사연구』 59).
80) 동아세아문화재연구원, 2008, 『김해고읍성』; 동서문화재연구원, 2008, 『김해 봉황동 주택신축부지내 유적 발굴조사 약보고서』.
81) 전남대학교박물관, 2005, 『나주 신촌리토성』.
82) 충남대학교박물관, 1994, 『홍성 신금성』.
83) 경기도박물관, 1999, 『평택 관방유적(Ⅰ)』.
84) 고용규, 앞의 글, 64쪽.

만 설치되기도 하고 내·외측 모두에 설치되는 등 차이가 있기 때문에 검토의 여지가 있다.

기단석렬의 형태는 유적마다 다양한데 단순하게 할석을 한 줄로 늘어놓는 경우도 있고 판상형 석재를 2~4단 쌓아올려 건물 기단이나 담장 기초석과 같이 정연하게 설치된 것도 있다. 그런데 석렬의 형태는 후대로 갈수록 정연해지는 경향이 보이기 때문에 축성기술의 발전을 반영하는 것으로 볼 수 있다. 그러나 같은 시기에도 유적마다 차이가 있어 토성의 위상과 그에 따른 성벽의 축조수준과도 관계가 있는 것으로 보인다. 김해 고읍성이나 동래 고읍성과 같이 다른 토성에 비해 규모가 큰 성곽에서는 기단석렬이 치석된 석재를 이용해 건물기단과 같이 정연하게 축조된다. 앞에서 보았듯이 김해 고읍성은 통일신라 금관소경의 치소로 추정되고, 동래 고읍성도 통일신라 동래 지역의 읍치였다. 이는 기단석렬의 형태나 정연함이 해당 성곽의 중요도나 위상과 일정한 상관관계가 있다는 것을 보여준다고 하겠다.

한편 중심토루의 판축 정밀도 또한 유적마다 차이가 있다. 판축켜의 두께가 조밀한 것은 3~10cm에서 상대적으로 거칠게 축조된 경우는 10~20cm정도다. 기단석렬의 형태처럼 김해 고읍성과 동래고읍성, 당감동성 등 주요 지방 치소성의 판축켜의 두께는 다른 토성에 비해 상대적으로 치밀하게 축조되는 양상이 보인다. 이 또한 축성 기술의 발달과도 관련이 있겠지만 성벽이 정밀하게 축조되었다는 것은 그만큼 해당 성곽의 중요도가 높다는 것을 의미하기 때문에 판축의 정밀도는 기단석렬과 같이 성곽의 위상을 반영해 주는 속성으로 볼 수 있다.

이상에서와 같이 지금까지 조사된 기단석렬 판축토성을 살펴본 결과 강화읍 외곽토성은 두 가지 측면에서 주목할 만한 특징이 있다.

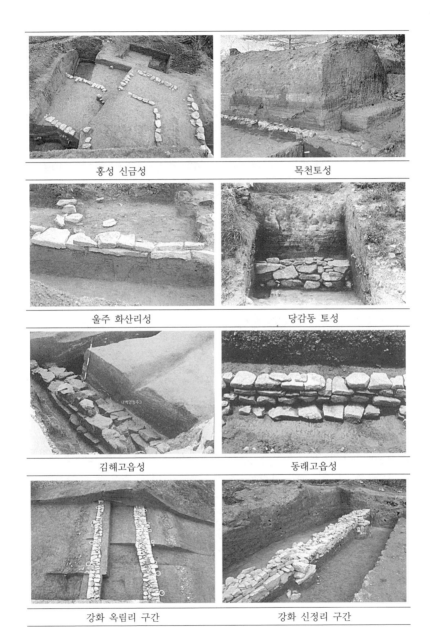

홍성 신금성	목천토성
울주 화산리성	당감동 토성
김해고읍성	동래고읍성
강화 옥림리 구간	강화 신정리 구간

기단석렬 판축토성의 기단석렬 형태

첫째, 기단석렬의 형태와 중심토루의 판축양상이 정연하다는 점이다. 강화읍 외곽토성의 기단 석렬은 너비가 약 50~120cm 정도로 건축물의 기단부와 같이 매우 안정적인 형태로 축조되었다. 이와 유사한 형태의 기단석렬이 설치된 유적은 김해 고읍성 등을 제외하고 예가 많지 않다. 기단석렬은 성벽 기단부의 견고함과 밀접한 관계가 있다는 점을 고려할 때[85] 다른 성곽보다 정연한 기단석렬의 형태는 강화읍 외곽토성의 중요도가 높다는 것을 반영하는 것으로 보인다.

토루 판축도 매우 정밀하게 이루어졌다. 강화읍 외곽토성은 구간별로 조금씩 차이는 있지만 판축켜의 두께가 2~5cm로 보통 5~20cm가량인 다른 토성에 비해 상대적으로 정밀하다. 또한 중심토루를 판축하기 위한 구조물로 횡판목과 종판목이 사용되었는데 특히 종판목은 지금까지 다른 기단석렬 판축토성에서는 확인된 예가 거의 없다.[86]

한편 기단석렬 판축토성의 영정주는 일반적으로 기단석렬 위에 위치하게 되는데 이 토성은 기단석렬 바깥으로 영정주 초석이 돌출되어 있는 점이 특징이다. 이러한 구조는 제주 항파두성에서도 확인되는데[87] 두 성곽간의 기술적 연관성을 보여주고 있어 주목된다.

둘째, 토성의 규모가 다른 토성과 비교되지 않을 정도로 대형이라는 점이다. 한반도의 고대 성곽은 둘레가 4km가 넘는 경우가 많지 않고[88]

---

85) 김호준, 앞의 글, 743쪽.
86) 중원문화재연구원, 2012, 앞의 책, 363쪽.
87) 제주고고학연구소, 2012, 앞의 책.
88) 북한지역에 분포하는 고구려 산성 가운데 둘레가 2~10km 정도의 대형성곽도 존재하지만 남한지역의 신라와 백제의 산성들은 둘레가 대부분 1km 이하다(심광주, 2006,『남한지역 고구려 성곽연구』, 상명대학교 박사학위논문, 57, 62쪽 참조). 한편 한성백제의 도성으로 추정되고 있는 풍납토성과 몽촌토성의 둘레는 각각 약 3.5km와 2.2km 고구려 국내성이 약 2.68km정도로 4km를 넘는 성곽은 많지 않다.

기단석렬 판축토성 가운데 가장 큰 제주 향파두성이 약 6,000m라는 것을 고려하면 강화읍 외곽토성은 규모면에서 매우 특수한 경우임을 알 수 있다. 성벽이 확인되지 않은 동쪽 해안 구간을 성의 범위에 포함시킨다면 둘레는 약 16km인데[89] 이렇게 보면 이 토성의 규모는 개경의 나성(23km)[90]보다는 작지만 한양도성(18.6km)과[91] 비슷하다.

이처럼 성벽의 둘레가 약 11km에 달하는 거대한 토성을 축조하는 것은 많은 공력이 투입되는 대형 토목 사업이다. 개경 나성의 경우 연인원 30만 4천 4백명이 축성 작업에 투입되었고,[92] 한양도성의 초기 축성에는 11만 8천여 명이 동원되었다.[93] 강화읍 외곽토성이 이보다 규모가 작다고 하더라도 최소 수 만 명의 인원이 동원되었을 것이다. 따라서 이와 같은 대규모 토목 사업은 일개 지방 군현에서 추진하는 것은 불가능하며 국가적 차원에서 추진될 수밖에 없다.

(2) 축조 시기

토성의 축조 시기는 기단석렬 바깥에 위치한 와적층 출토 기와를 통해 추정해 볼 수 있다. 성벽의 구조상 와적층은 성벽의 수·개축이 없었다면 출토 기와의 시기가 축성 연대의 상한이 된다. 전체 구간 가운데 극히 일부 구간이지만 발굴조사 결과 강화읍 외곽토성에서는 수축이나 개축의 흔적은 확인되지 않아 축성 시기를 비교적 구체적으로

---

89) 강화읍 외곽토성의 동북쪽 종점과 남동쪽 종점 사이의 길이를 도상에서 측정해 보면 약 4.5km다.

90) 전룡철, 1980a, 앞의 글, 19쪽.

91) 서울특별시, 2003, 『서울소재 성곽조사 보고서』.

92) 『高麗史』 권56, 志10 地理1 王京開城府.

93) 『太祖實錄』 권9, 太祖 5년 1월 9일.

파악할 수 있다.

앞에서 보았듯이 와적층 출토양상은 구간별로 차이가 있다. 옥림리 구간 출토 기와는 집선문, 어골문+집선문, 어골문+집선문+격자문, 능형문+집선문 등으로 이루어져 있다. 신정리 구간에서는 어골문, 어골문+격자문과 함께 옥림리 구간에서는 보이지 않는 무문과 사격자문, 선문 기와가 많이 출토되었다. 옥림리 구간에서 출토된 기와의 제작 시기는 대부분 12~13세기로 파악된다.[94]

신정리 구간에서는 무문을 제외하고 통일신라시대 전형적인 사격자문의 출토량이 가장 많고 다음으로 순수 어골문과 어골문+격자문, 어골문+방곽문 등 복합문이 많이 출토되었다.[95] 복합문은 통일신라시대에 유행하기 시작한 것이지만[96] 10~11세기의 고려시대 기와에서도 확인되기 때문에[97] 시간적 범위는 통일신라~고려시대까지로 폭이 넓다. 이러한 와적층 출토 기와의 연대로 볼 때 옥림리 구간 성벽 축조시점의 상한은 12~13세기, 신정리 구간은 11세기 이후다.

이미 살펴본 것처럼 두 지점에서 성벽의 판축 양상과 규모가 일부 차이가 있는 점을 감안하면 옥림리와 신정리 구간의 성벽은 각각 다른 시기에 축조되었다고도 볼 수 있다. 그러나 와적층에 사용된 기와는 주변에서 손쉽게 구할 수 있는 폐기와를 인위적으로 파쇄 후 사용한 것이기 때문에[98] 폐기와의 수급 장소에 따라 구간별로 연대 차이가 발생할 수 있다. 신정리 구간에서 출토 기와의 시기 폭이

94) 중원문화재연구원, 2012, 앞의 책.
95) 인하대학교박물관, 2009, 앞의 책, 72쪽.
96) 최맹식, 2002, 「통일신라 평기와 연구」, 『호서고고학』 6·7합집, 호서고고학회, 344쪽.
97) 이인숙, 2007, 「고려시대 평기와 제작기법의 변천」, 『고고학』 6-1호, 서울경기고고학회, 36~44쪽.
98) 중원문화재연구원, 2012, 앞의 책, 442쪽.

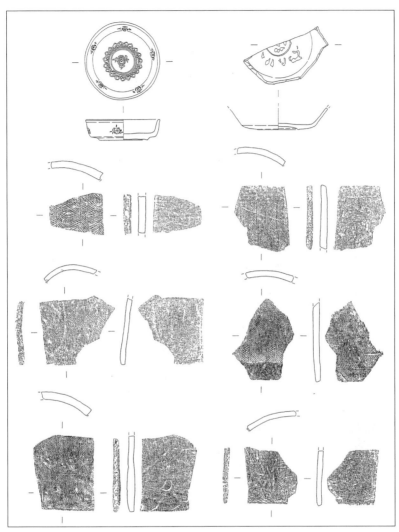

옥림리 구간 출토유물

큰 점도 이와 같은 맥락에서 이해될 수 있을 것이다.

또 구간별로 성벽의 규모와 내·외측 기단 석렬간 너비, 판축켜의
두께와 사용된 흙의 성질에 차이가 있는 것은 구간별로 지형 조건이

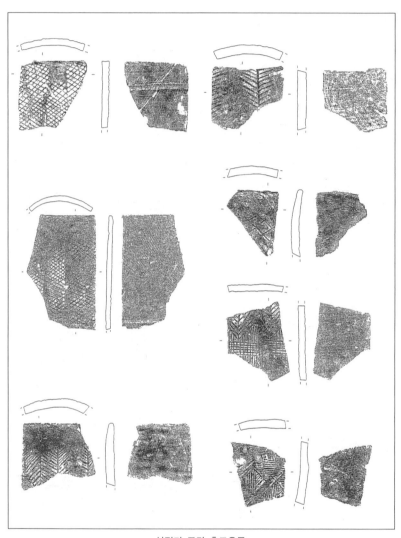

신정리 구간 출토유물

다르거나 축조를 맡았던 주체가 달랐기 때문으로 볼 수 있다. 자연
지형을 따라 축조된 성곽은 지형에 따라 성벽의 너비와 높이가 변화될
수밖에 없다. 옥림리 구간의 성벽이 신정리 구간에 비해 상대적으로

폭이 넓고 완만하게 축조된 것은 옥림리 일대가 비교적 넓고 완만한 구릉인데 비해 신정리 구간의 지형은 상대적으로 경사가 급하고 능선의 폭이 좁은 데서 비롯된 것이다.[99]

한편 둘레가 약 11km에 이르는 대규모 토성을 축조하기 위해 일정한 구간을 작업 집단별로 할당이 이루어졌을 것이다. 이 토성은 국가적 차원에서 건설되면서 강화도 이외에 다른 지방민과 기술자, 군인들도 작업에 동원되었을 것인데 이들은 지역이나 소속별로 일정한 구간을 담당했다.[100] 이처럼 지형 조건은 물론 구간별로 작업 집단이 달랐기 때문에 축조 방식이나 흙과 기와 등 수급되는 재료에도 차이가 있을 수 있다.

이와 관련해 신정리 구간은 성벽을 관통하는 도로를 기점으로 양쪽 성벽의 축선이 15°가량 틀어져 있어 이곳에 어긋형식[重複形] 성문이[101] 있었을 가능성이 있다. 그런데 이 도로를 기준으로 양쪽 지점의 중심토루 판축 양상과 와적층 출토 기와의 문양 구성도 달라[102] 이 구간에서 성문을 기준으로 축성 작업 집단이 달랐을 가능성을 보여준다.

이렇게 볼 때 구간별로 성벽의 축조 양상과 출토 유물의 연대 차이는 있지만 두 구간 모두 동일한 시점에 축조되었다고 보는 것이 합리적이라 판단된다. 그러면 토성의 축조 시점의 상한은 12~13세기가 되는데 강화도의 역사적 상황으로 볼 때 이 토성은 강도시기에 축조되었던 것이 분명하다. 고려시대에 강화도는 강도시기를 제외하고 군사적 중요성이 그다지 크지 않았다.[103] 그리고 조선시대에는 임진왜란 이후

99) 박성우, 2010, 「강도시대 성곽의 현황과 성격」, 『역사와 실학』 42, 241쪽.
100) 한양도성의 초기 축성에는 경상·전라·강원도와 서북면의 安州 이남과 동북면의 咸州 이남의 民丁 11만 8천 70여 명을 징발하였다(『太祖實錄』 권9, 太祖 5년 1월).
101) 손영식, 앞의 책, 230쪽.
102) 인하대학교박물관, 2011, 앞의 책, 69쪽.

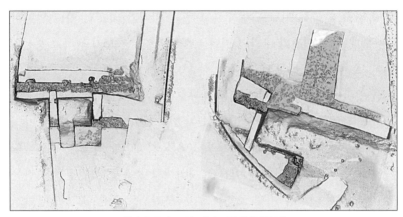
신정리 구간 토성 평면도(인하대박물관)

강화가 왕실의 보장처로 되기 전까지 이러한 대규모 토성을 축성할
이유가 없었다.

이와 같이 강화읍 외곽토성은 천도기에 축성되었다. 그리고 동일한
구조를 가진 여타의 토성에 비해 높은 축조 수준과 한양도성에 비교할
정도의 규모, 그리고 천도기 도읍이 자리했던 강화읍 일대를 에워
싼 성의 평면 형태로 볼 때 강도의 도성이 분명하다. 다만 여기서
두 가지 문제가 남는다. 우선 이 토성이 『고려사』에 전하는 외성 혹은
중성 가운데 어느 것에 해당하는가이다. 다음으로는 토성의 동쪽으로
강화해협(염하)과 맞닿아 있는 구간의 방어시설의 존재 여부다. 이에

---

103) 조선시대 강화도는 조선시대 남부지방에서 한양으로 세곡선이 왕래하는 통로와
일반적인 왕래를 위한 뱃길에 해당되었다(안길정, 2003, 『19세기 조운의 운영실태』,
성균관대학교 석사학위논문). 그러나 고려시대 강화는 수도 개경이 예성강 하구에
있었기 때문에 강화를 경유하지 않고도 직접 바닷길을 통해 이동할 수 있었기
때문에 수운에 있어서는 조선시대만큼 큰 비중을 차지하고 있지는 않았다. 아울러
천도 이전까지 강화는 정치범의 유배지로 활용되었을 뿐 군사적, 경제적인 측면에
서 그리 중요시 여기지 않았던 지역이었다(김기덕, 2003, 「무인집권기 강화지역의
동향」, 『신편 강화사』, 강화군 군사편찬위원회, 163~165쪽).

대해서는 뒤에서 살펴보도록 하겠다.

3. 강도 해안 외성의 실체

1) 강화도 환축 외성의 실재 여부

지금까지 통설로 자리 잡은 해안 외성의 존재를 검토하기에 앞서 강화도 해안 삼면에 걸쳐 존재했었다고 전해지는 환축 외성의 실체를 살펴보도록 하겠다. 강화도 환축 외성은 기왕에도 과장된 표현으로 인식되고 있지만[104] 이에 대한 검토를 통해 강도시기 해안선의 형태와 그에 따른 해안 방어 전략의 관계를 전체적으로 살펴볼 수 있다.

(1) 문헌 검토

Ⅱ장에서 살펴본 것처럼 강도 환축 외성에 대한 내용은『속수증보강도지』에 전하고 있지만『숙종실록』에도 이와 비슷한 내용이 전한다.

① "고려사를 취하여 상고하니, 고종 24년(1236)에 강도의 외성을 쌓았다고 하여서 이제 府中의 父老에게 물었더니, 모두 말하기를, '지금 당장에도 연해의 동·북·서 3면을 보면 城土가 널리 퍼져 있는데, 마니산·길상산에 돌을 첩첩이 쌓아서 城堞의 둘레를 만든 것도 또한 그 遺制다.' 하였습니다." (『肅宗實錄』 권7, 숙종 4년 10월 23일 경인)

---

104) 윤용혁, 2002, 앞의 글, 26쪽.

② "…고려 때에는 府中에 이미 내성이 있는데다가 또 섬을 둘러 長城이 있었으나, 지금은 안팎으로 모두 城이 없으니,…고려의 토성도 아울러 마땅히 뒤따라 修繕하여 가운데에 큰 절 하나를 설치하여 평소에는 僧徒를 모으고, 군사를 늘려서 들어가 守禦하게 해야 할 것이며…"(『肅宗實錄』 권11, 숙종 7년 5월 21일 계유)

③ "외성은 고려 고종 19…沿海環築이러라(今其遺址或存或沒). 海東樂府 撒城註에 이르기를 연강환축하되…. 둘레는 수백리(지금은 수십리)라하니…. 大東紀年에 이르기를 외성의 터는 지금 연해 동서북 삼면에 모두 토성이 돌아가고 마니, 길상산 뒤에 돌담이 그 흔적이라 한다."(『續修增補江都誌』 古蹟)

위의 기사 ①에서는 강도의 외성을 쌓았는데 그 흔적이 강화도 동·북·서 삼면에 남아있다고 하여 해변성의 존재를 자세하게 언급하고 있다. 기사 ②에서도 섬을 둘러 장성이 있었다고 한다. 특히 기사 ③에서 외성은 '沿海環築', 즉 바닷가를 따라 환축하였고, 그 범위는 『대동기년』의 기록을 인용해 강화도 남쪽을 제외한 삼면을 둘러싸고 있다고 외성 범위와 규모를 좀 더 구체적으로 전한다.

이상의 기록으로만 보면 강도시기 해안 외성이 강화도 북·동·서 삼면에 걸쳐 존재하고 있었던 것이 된다. 그런데 이처럼 섬의 삼면을 둘러싼 외성이 실제로 있었던 것인가?

기사 ②를 보면 "섬을 둘러 장성이 있었으나 지금은 모두 성이 없다"고 하고 있는 반면 기사 ①에서는 "마니산과 길상산에 돌을 쌓아서 城堞의 둘레를 만든 것이 遺制"라고 해 서로 상반된 내용을 전한다. 그런데 기사 ①은 강화의 '府中父老', 즉 강화도 노인의 말을 인용한 것으로 실제로 해변 외성의 존재를 실견한 것은 아님을 알 수 있다.

기사 ①과 ②의 내용을 종합해 보면 강도시기 해안 외성의 존재 여부와 관계없이 최소한 17세기 후반에는 강화도 해안가에서 강도시기 성벽의 흔적은 확인되지 않았던 것을 알 수 있다. 바꾸어 말하면 강도시기 바닷가에 외성이 있었다는 기록은 강화 주민들 사이에 전해지고 있었던 '구전'을 바탕으로 했던 것이다.

이와 관련해『강화부지』에 "연해의 흙 언덕을 장성터라고 가리키는데 대게 예로부터 떠도는 바를 계승한 말이다. 간혹 외성이 바닷가에 틀림없다고 하지만 형역은 잘 보이지 않는다."[105]라고 해 주민들 사이에 해안 외성에 대한 이야기가 전해지지만 그 흔적은 찾을 수 없었음을 알려주고 있다. 이렇게 보면『강도지』에서 강도의 외성을 '浦邊長堤', 바닷가의 긴 제방으로 기록한 배경도 이와 같은 맥락에서 이해할 수 있다.

전승은 그 자체로 중요한 가치를 지니고 있는 것은 분명하지만 전해지는 과정에 내용이 뒤섞이고 과장되거나 변형되면서 역사적 사실과 전혀 다른 내용이 전해지는 경우가 있어 주의가 필요하다.[106] 해안 외성에 관한 구전을 무조건 무시할 수는 없다. 그러나 기사 ①에서 주민들이 외성의 흔적으로 지목하고 있는 마니산과 길상산 일대의 돌무더기는 강도 외성을 흙으로 쌓았다는 기록과도[107] 배치될 뿐만

---

105)『江華府志』古蹟.

106)「江都府志」古蹟條에 광성진 부근에 있는 孫乭項의 이야기가 전한다. "고려 공민왕이 몽골의 군대에 쫓겨 섬으로 피난을 가게 되었는데 손돌이 배를 조종해 공민왕이 갑곶에서 광성진에 이르렀는데 여기서 제자리를 빙빙 돌면서 날이 어두워지자 왕이 화가 나서 손돌이 나를 속여 위험한 곳으로 끌어 들였다 라고 해 목을 베어 죽이도록 하였다"는 설화를 싣고 있다. 그러나 공민왕은 몽골의 침입이 아니라 홍건적의 침입으로 안동까지 피난했으나 강화에 온 적은 없다. 이처럼 주민들 사이에 내려오는 전언은 여러 가지로 변형되면서 후대에 역사적 사실과 전혀 다른 내용이 전해지는 경우가 있다.

107)『新增東國輿地勝覽』江華都護府 古蹟.

아니라, 마니산과 길상산은 강화도 남단에 위치하기 때문에 동·북·서 삼면에 외성이 있다는 내용과 모순되기 때문에 이를 그대로 믿기 어렵다.

여기서 마니산과 길상산에 돌을 첩첩이 쌓아서 성첩의 둘레를 만들었다는 것은 현재 이 일대에 남아있는 말목장(馬場)의 경계인 목장성을 지칭하는 것으로 판단된다. 강화도에는 고려시대부터 말목장이 있었고 조선시대에도 목장이 여러 곳 운영되었다.[108] 1417년(태종 17) 당시 강화에는 진강산, 길상산, 북일곶, 신도, 매음도(석모도)에 5개의 목장이 있었고[109] 조선 중기에는 10여 개의 목장이 설치·운영되었다.[110]

조선시대 마니산 서북쪽에는 北一場이 있었고 길상산 일대에는 吉祥場이 자리했다. 지금도 이 일대의 능선을 따라 말의 이탈을 방지하고 목장의 범위를 표시하기 위한 토루와 석축이 각각 1.9km와 1.3km 가량 남아있다.[111] 위의 기록에서 외성의 흔적으로 전하는 돌담의 흔적은 북일장과 길상장의 목장성을 가리키는 것으로 보인다.[112] 다시 살펴보

---

108) 前近代社會의 馬政은 교통, 산업, 군사, 외교와 관련한 주요 사업으로 조선시대에는 국용으로 말을 길러 조달하기 위해 전국에 말목장을 건설하였으며 도서지역은 말의 이탈을 관리하기 쉽고 농사에 방해를 최소화 할 수 있는 점에서 목장터로 선호되었는데 강화도는 제주도 등과 함께 말목장의 주요한 공간이었다(김경옥, 2001, 「제주목장의 설치와 운영-탐라지를 중심으로」, 『지방사와 지방문화』 제4권 1호, 46쪽).

109) 『太宗實錄』 권33, 太宗 17년 6월 4일.

110) 『江都誌』 牧場.

111) 인천시립박물관, 2007a, 『강화의 마장』. 마장의 경계는 토루나 석축으로 이루어졌는데 주로 토루는 평지 또는 낮고 완만한 구릉위에 설치되었고 산사면이나 능선의 경우 주변의 자연석을 이용해 석축을 쌓아 올렸다. 토루의 규모는 너비 3~7m, 높이 0.6~2m 가량이며, 석축은 너비 0.8~2m 내외, 높이 0.4~1m 내외다.

112) 목장 경계시설은 馬城 또는 牧場城등으로 부르고 있다(김성철·이철영, 2011, 「조선시대 목장성연구」, 『대한건축학회지』 46호). 그런데 목장에는 말 이외에 소나 양 등을 기르는 목장도 있기 때문에 마장이라고 하면 말목장에만 적용될 수 있다. 따라서 여기에서는 목장성이라는 용어를 사용하도록 하겠다.

겠지만 목장성은 형태가 방어용 성곽과 비슷해 사람들 사이에 城으로 알려져 있는 경우가 많다.

이상과 같이 문헌에 전하는 강도시기 외성이 강화도 해안 삼면을 따라 환축하였다는 기록은 이를 뒷받침할 만한 구체적인 근거를 찾을 수 없다. 만일 주민들 사이에 전해지는 것처럼 강도시기 바닷가에 성이 있었다고 하더라도 그 내용은 후대에 구전되는 과정에서 과장되거나 왜곡되었을 가능성이 높다.

(2) 지리적 검토

다음으로 강화도의 지리적 특성을 통해 삼면 해안을 따라 환축한 외성의 존재 가능성에 대해 살펴보도록 하도록 하겠다. Ⅲ장에서 보았 듯이 천도 당시 강화도의 해안선은 굴곡이 매우 심했다. 해안 방어를 위해 본래의 해안선을 따라 성을 축조할 수도 있겠지만 이 경우 성의 길이가 수십km에 달하고 성을 축조하는 데 방대한 시간과 공력이 필요하다. 게다가 복잡한 해안선 탓에 신속한 병력의 이동이 불가능해 지기 때문에 해안선을 따라 설치된 외성은 전술적으로 의미가 없게 된다. 따라서 해안 방어를 위해서는 제방을 축조해 방어시설로 활용하는 것이 보다 효율적이다. 제방은 교통로인 동시에 성곽의 기능을 수행할 수 있기 때문이다.113) 앞에서 보았듯이 조선시대 외성이 해안 제방을 기초로 축조된 것도 이러한 맥락으로 이해할 수 있을 것이다.

천도 당시 강도의 동쪽 해안은 곳곳의 작은 灣을 따라 섬 안쪽까지 바닷물이 들어왔으나 만의 폭이 넓지 않아 그 사이에 제방을 쌓는다면

---

113) 배성수, 2006, 앞의 글, 375쪽.

해안을 따라 방어선을 비교적 쉽게 구축할 수 있다. 그러나 서쪽과 북쪽 해안은 상대적으로 굴곡은 적은 반면 제방을 쌓아 성의 길이를 단축할 여지가 많지 않다. 바닷가를 따라 성을 축조해야하는 구간이 지나치게 길다는 것이다. 따라서 서쪽과 북쪽 해안에 방어선을 구축하기 위해서는 제방을 가능한 많이 축조해야 하는데 강도시기에 이와 같은 대규모 제방 축조 사업이 이루어졌음을 보여주는 자료는 확인되지 않는다.[114]

이와 관련해 고려시대 강화도는 승천포(제포)와 갑곶을 통해서만 내륙과 왕래할 수밖에 없었다는 점에 다시 주목할 필요가 있다. 강도의 서쪽과 남쪽 해안은 섬 주변에서 갯벌이 가장 넓게 발달되어 있는 곳으로,[115] 조선시대에도 배의 왕래가 자유롭지 못했던 곳이다.[116] 따라서 강도시기 섬의 서쪽과 남쪽의 해안 방어는 전략적인 의미가 크지 않았을 것이기 때문에 이 구간에 많은 공력이 요구되는 해안성을 축조했을 가능성은 높지 않다.

다만 강화도 북쪽 해안은 서쪽과 비교할 때 지형 조건은 비슷하지만 강화도의 주요한 출입구인 승천포가 있기 때문에 해안 방어선이 존재했을 가능성이 있다. 그러나 이 곳 역시 '청주초'로 불리는 면적 28.8㎢의 광범위한 갯벌이 발달해 있었고, 바닷물의 유속이 빠르고 조차가 커서

---

114) 별립산 남쪽은 정확히 언제 간척이 이루어졌는지는 알 수 없지만 외포리와 진강산 일대는 17세기 중반에 와서야 장지언, 가릉포, 정포언 등의 제방축조가 이루어졌다.

115) 홍재상, 앞의 글, 329쪽 참조.

116) 『肅宗實錄』 권3, 肅宗 1년 4월 丙辰, "摩尼山 아래 수 십리의 땅이 물기가 축축하여 사람들은 다닐 수가 없고 다만 潮水가 찰 때만 적의 배가 정박한다면 약간의 군사만 쓰더라도 방어할 수가 있습니다. 이러한 형세로써 살펴본다면 강도의 동북방은 지키기 어렵지만 서북방은 방비하기 쉽겠습니다".
『肅宗實錄』 권61, 肅宗 44년 4월 己卯, "…草芝 以西와 長串 이남까지의 바닷가 뻘흙이 있은 땅은 조수가 밀물일 때에도 짐을 무겁게 실은 배들은 뜨기가 어려운데…".

물때를 맞추지 못하면 지금도 작은 배를 이용해 도선하는 데 어려움이 있는 곳이다.[117] 그래서 강화도 북쪽 해안을 통해 강화로 침입하기 위해서는 대규모 수군 전력이 필요하다.[118] 그러나 대몽 항쟁기 서남해의 押海島와 북계의 苆島 등 연안 지역 섬에 대한 침입을 시도했으나 큰 성과를 거두지 못했던 몽골군의 수군 역량을 감안하면[119] 강화도 북쪽 해안의 전략적 중요성은 그리 높지 않았을 것이다. 조선시대 외성이 북쪽 해안까지 연결되지 않았던 것도 같은 맥락에서 이해할 수 있다.

강도시기 몽골군의 강도에 대한 시위와 위협이 대부분 강화도 동쪽 해안에 집중되었던 점도 북쪽 해안은 대규모 방어선을 구축할 만큼 전략적인 가치가 크지 않았음을 보여준다. 〈표 7〉은 강도시기 몽골군이 강화도 인근에 출현하거나 고려군이 수전을 연습한 사례를 정리한 것이다. 이에 따르면 승천포가 강화의 주요한 관문이기는 하지만 이 일대에서 몽골군의 군사적 활동이 많지 않았고 고려의 수군 훈련도 갑곶강(염하)에서 주로 이루어졌다. 이것으로 보아 강도 정부가 갑곶 일대를 전략적으로 중시하고 있었음을 짐작할 수 있다. 따라서 많은 선단을 보유하고 있었던 고려 정부가[120] 당시 군사적 접근이 어려운 북쪽 해안을 방비하기 위해 대규모 공력의 투입이 필요한 해안 외성을 축조할 필요는 없었다고 보는 것이 합리적일 것이다.

---

117) 범선규, 앞의 글, 360쪽.
　　 『仁祖實錄』 권25, 仁祖 9년 8월 甲子, "燕尾亭과 昇天府는 진펄은 아니지만 조수가 빠지면 배를 대기가 매우 어렵고…".
118) 『肅宗實錄』 권11, 肅宗 7년 5월 癸酉, "月串부터 德津까지는 강폭이 좁고 물살이 급해서 舟師를 쓰기가 어렵고, 적이 침범하기 쉽지만, 昇天堡에서 寅火石津까지는 강의 입구가 광활해서 주사를 쓸 수 있으며 적이 침범하기 어렵습니다".
119) 윤용혁, 1991, 앞의 책, 321~324쪽.
120) 김창현, 2003, 앞의 글, 216쪽.

<표 7> 몽골군의 강도 對岸 출현[121]

시 기	내 용
1253. 9(고종 40)	몽고군이 갑곶강 건너편을 노략질하다
1253. 8(고종 40)	갑곶강에서 수전을 훈련하다
1255. 1(고종 42)	몽고 기병 100여 명이 昇天城 바깥에 도착하였다
1255. 1(고종 42)	몽고 기병 50여 명이 승천성 바깥에 도착하였다
1255. 1(고종 42)	몽고 기병이 갑곶강 건너에 당도하다
1255. 1(고종 42)	몽고병 20여 기가 갑곶강 밖에 이르렀다
1256. 8(고종 43)	갑곶강에서 수전을 연습하였다.
1256. 8(고종 43)	쟈릴타이 등이 갑곶강 대안에 와서 군세를 과시하다
1258. 9(고종 45)	몽고군이 갑곶강 건너편을 완전히 에워싸다
1258. 9(고종 45)	몽고 군사 300여 기가 갑곶강 밖에 와서 진을 쳤다. 몽고병이 窄梁으로부터 갑곶강 밖에 와서 둔을 쳐서 산과 들을 뒤덮었다

요컨대 강화도의 북·동·서쪽 해안을 따라 외성이 존재했다는 기록은
후대에 구전되는 과정에서 과장되거나 왜곡된 주민들 사이의 전승을
바탕으로 한 것으로 신빙성이 낮다. 아울러 강화도 서쪽과 북쪽 해안의
지형 조건과 문헌에 전하는 당시의 군사적 정황을 고려해 볼 때 강화도
삼면을 환축한 외성은 존재하지 않았던 것으로 판단된다.

2) 강도 동쪽 해안 일대 외성의 존재

강도시기 강화도의 해안 삼면을 환축한 외성은 실재하지 않았지만
동쪽 해안, 특히 갑곶 일대는 다른 곳에 비해 도강이 상대적으로 용이하
고 앞에서 본 것처럼 몽골군의 군사적 활동도 많았던 점을 볼 때

---

121) 이 표는 윤용혁의 글(2003, 「강도시대의 대몽항쟁」, 『신편강화사』, 264쪽)의 표를
바탕으로 『고려사』를 참조하여 재구성한 것이다.

방어시설이 존재했을 가능성이 높다. 구체적인 범위는 알 수 없지만 1235년(고종22)에 최이가 "각 州와 郡에서 一品軍을 증발해서 강을 따라 제방을 추가로 쌓았다"는 기록으로 볼 때[122] 당시 강화도에는 어떤 형태로든지 제방이 존재했음을 알 수 있다. 강화도에서 강이라고 불리는 곳은 갑곶강, 강화해협(염하)밖에 없기 때문에 이 제방은 강화도 동쪽 해안에 설치되었을 것이다.[123] 그런데 문제는 이 제방의 성격을 방어선의 개념으로 이해할 것인지 아니면 성곽으로 볼 것인가 하는 것이다. 그렇기 때문에 해안 제방의 성격을 파악하기 위해서 먼저 제방의 범위를 살펴볼 필요가 있다.

그동안 강화도 동쪽 해안을 따라 외성이 존재했다고 보았던 배경에는 조선 후기에 강화도 동쪽 바닷가를 따라 건설되었던 외성이 강도 외성을 토대로 하고 있을 것이라는 인식이 자리하고 있다.[124] 『숙종실록』과 『속수증보강도지』 등의 여러 기록에도 강화외성이 고려의 옛 성을 바탕으로 축조되었다고 전하고 있다.[125] 그런데 이미 보았듯이 적어도 17세기에는 강도시기 해안 외성의 실체를 확인할 수 없었기 때문에 이러한 기록이 강화외성과 강도 외성이 공간적으로 연계된다는 것을 입증할 수 있는 근거가 되기 어렵다.

그럼에도 불구하고 조선시대 강화외성이 강도시기의 외성과 계기적

---

122) 『高麗史』 권129, 列傳42 叛逆3 崔忠獻 ; 『高麗史節要』 권16, 高宗 22년 12월.

123) 강화도 북부 해안을 '祖江'으로 인식하기도 하는데 실제 조강은 한강과 임진강이 합류해 바다로 이어지는 구간으로 통진, 즉 오늘날 김포반도 북부를 가리키는 것으로(『세종실록지리지』 경기) 강화도에 염하를 제외하고 강으로 불렸던 곳은 없다.

124) 김창현, 2004, 앞의 글, 156쪽 ; 윤용혁, 2002, 앞의 글, 24쪽.

125) 『肅宗實錄』 권11, 肅宗 7년 5월 21일.
『續修增補江都誌』 城郭, "…외성은 본래 고려의 舊城으로 광해군 10년에 무찰사 沈惇이 흙으로 쌓았다.…".

인 관계가 있다고 보는 인식이 여전히 있다.[126] 따라서 여기에서는 먼저 조선시대 외성과 강도 외성의 연관성을 살펴보고 다음으로 그동안 각 연구자들이 주장해온 강도 해안 외성의 범위에 대해 검토하도록 하겠다.

(1) 강화외성과 강도 해안 외성과의 관련성 검토

강화외성은 병자호란 이후 강화도의 방비를 강화하는 과정에서 축조된 일종의 長城이다. 보장처 강화도의 방비를 강화하는 과정에서 가장 먼저 해안가 요충지에 돈대를 축조했지만 그 간격이 넓어 적군의 상륙을 보다 효과적으로 막기 위해 그 사이를 성으로 연결했다는 것은 이미 살펴본 바와 같다.[127]

1691년(숙종 17)에 축조된 외성은 적북돈대에서 초지까지 연결되며 길이는 약 23km로 알려져 있다.[128] 그러나 외성의 북쪽 한계는 명확하지 않다. 문헌과 고지도에 외성의 남쪽은 공통적으로 초지까지로 표기되어 있으나 북쪽 경계는 적북, 휴암, 옥포로 다양하게 전해진다.[129] 그런데 1692년(숙종 18) 3월 휴암에서 인화보까지 토성을 쌓지 못한 구간에 대한 축성 계획이 『비변사등록』에 전한다. 이에 따르면 휴암에서 인화보까지 토성을 쌓지 못한 곳이 보수로 14,405보이며 리수로는 40리 5보인데 강화 유수들이 임기마다 6리 2백 41보씩 나누어 쌓으면

---

126) 윤용혁, 2005, 앞의 글, 214쪽.
127) 『備邊司謄錄』 숙종 16년 11월 14일.
128) 한국문화재보호재단, 2006, 『강화외성 지표조사 보고서』
129) 외성의 북쪽 한계에 대해 『속수증보강도지』에는 적북, 「강도부지」는 휴암, 『강화부지』는 옥포까지로 전하고 있다. 여러 고지도에는 외성이 휴암돈대까지 이어지는 것으로 되어 있으나 국립중앙도서관 소장 강화지도(18세기 후반)에는 적북돈대까지 연결된 것으로 표시되어 있다.

강화외성의 전성과 석축 구간(오두돈대 부근)

유수 6명의 임기 내에 성 쌓기를 끝낼 수 있다는 것이다.[130] 따라서
외성을 건설할 당시 강화도 북쪽 해안까지 외성을 연결하려는 계획이
있었음을 알 수 있다. 이것으로 미루어보면 외성은 처음에 휴암까지
쌓았다가 이후 적북돈대 부근까지 추가로 공사를 진행한 것으로 판단된
다. 그 결과 문헌과 고지도 마다 외성의 북쪽 한계가 조금씩 다르게
표기되었던 것이다.

외성은 三軍門을 동원해 처음에는 흙으로 쌓았다.[131] 그러나 현재
외성의 성벽은 구간별로 토축과 석축, 전축이 혼재되어 있다. 이렇게
된 것은 외성이 축조된 이후에 수십 년간 단속적으로 수축과 개축이
이루어졌기 때문이다. 외성은 처음에는 토성으로 축조되었으나, 1743
년(영조 19) 토성이 붕괴된 일부 구간에 벽돌을 이용해 塼城으로 개축하

130) 『備邊司謄錄』숙종 18년 3월 4일.
131) 『輿地圖書』「江都府誌」城池.

고지도에 그려진 강화외성(강도부전도, 서울대 규장각)

광성보 부근 외성 흔적

였다.[132] 이후 전성으로 쌓은 성벽 역시 곳곳이 무너지자 1746년(영조 22)에 적북돈대에서 용진진까지 구간을 석축으로 다시 고쳐 쌓는 등 1758년(영조 34)까지 구간별로 지속적인 개축이 이루어졌다.[133]

강화외성은 섬의 동쪽 해안선을 따라 위치한다. 그런데 강화외성이 축조될 당시의 해안선은 III장에서 보았듯이 조선 후기에 집중적으로 시행된 해안 간척의 결과로 형성된 것이다. 따라서 강도시기의 동쪽 해안선은 대부분 조선시대의 그것보다 섬 안쪽에 있었다. 그래서 강도시기에 해안 외성이 존재했다 하더라도 성의 위치는 조선시대 강화외성보다 섬 안쪽에 자리하고 있었을 것이다. 이러한 강화도 해안선의 변화 과정을 고려하면 강화외성이 강도시기의 외성을 토대로 축조되었다고 보기 어렵다.

132) 『英祖實錄』 권58, 英祖 19년 8월.
133) 『輿地圖書』 「江都府志」 城池.

덕진진 구간 외성

외성에 대한 조사 결과도 이를 뒷받침 한다. 전체 외성 구간 중 지금까지 시굴 또는 발굴이 이루어진 곳은 월곶돈대와 갑곶 진해루 부근, 더리미와 오두돈대 전성구간 그리고 덕진진 부근 인데 각 지점에서 고려시대 성벽의 흔적은 확인되지 않았다.

한편 강화외성의 축조방식과 구조는 성벽이 위치한 구간이 갯벌 혹은 육지인가에 따라 차이가 있는 것으로 파악된다. 5개의 발굴 지점 가운데 갑곶과 더리미, 오두돈대, 덕진진 부근은 갯벌 또는 성 안쪽은 육지고 바깥쪽은 갯벌 위에 성벽이 축조된 곳이다. 이 중 오두돈대 전성 구간은 성 바깥의 갯벌 위로 흙을 쌓아 지반을 보강한 뒤 그 위에 얇은 지대석을 깔고 다시 그 위에 성돌을 2~3층 쌓은 뒤, 성돌 위에 벽돌을 올렸다.[134] 갑곶 구간의 외성도 이와 비슷한 방식으로 축조되었다. 성토층 위에 점토와 잡석을 불규칙하게 쌓은 후 지대석 없이 면석을 올린 지점도 있지만 전반적으로 갯벌 위를 성토한 뒤 성벽 안쪽과 바깥쪽에 석재를

---

134) 중원문화재연구원, 2014, 앞의 책.

깔고 다시 그 위에 다듬은 면석을 1~2단 쌓아올렸다.[135] 이러한 성벽 축조방식은 덕진진 부근의 외성에서도 확인되고 있어[136] 갯벌 지대에 위치하는 다른 구간의 외성도 같은 구조일 것으로 생각된다.[137]

육지 구간에 위치한 월곶돈대 부근 외성은 약 30~50cm 크기의 석재를 양쪽으로 약 1.2m의 너비로 놓고 그 사이를 작은 할석을 채워 넣은 구조다.[138] 이러한 성벽 형태는 규모의 차이는 있지만 광성보와 용당돈대 부근에 남아 있는 외성에서도 확인된다.[139]

이상의 외성 발굴 지점에서는 조선시대 이전 시기의 유구는 확인되지 않았다. 강화외성의 전 구간에 대한 지표조사에서도 고려시대의 흔적은 확인되지 않았다.[140] 강화외성이 건설된 곳은 강도시기 해안선과 떨어져 있기 때문에 이것은 당연한 결과라 하겠다.[141]

이와 같이 강화도의 해안선 변화 양상과 강화외성에 대한 조사결과로 볼 때 조선시대 축조된 외성이 강도시기의 해안 외성을 기반으로 축조되었다고 보기 어렵다. 이미 살펴보았듯이 강도시기에 동쪽 해안을 따라 외성이 존재했다면 그것은 조선시대 외성보다 섬 안쪽에 위치할 것이다.

---

135) 불교문화재연구소, 2008, 앞의 책.

136) 한울문화재연구원, 2015b, 앞의 책.

137) 더리미 구간에서는 성 안팎으로 성돌을 쌓고 중심토루 위에 내, 외피를 덮은 구조의 성벽이 확인되었다(한국고고인류연구소, 앞의 자료). 이곳도 갯벌 위에 외성을 쌓은 구간이지만 조사범위가 협소하고 시굴조사인 탓에 구체적인 축조방식은 파악하기 어렵다.

138) 국립문화재연구소, 2010, 앞의 책.

139) 발굴조사에서 확인된 석축 외성은 처음 흙으로 쌓은 외성을 후대에 개축한 결과로 생각된다.

140) 한국문화재보호재단, 2006, 앞의 책.

141) 오두돈대 부근 성벽에서는 기단부 하층의 막돌이 나온 층을 고려시대 토성의 흔적으로 보고 있지만 이렇게 파악한 이유는 알 수 없다(선문대학교 고고연구소, 2002, 앞의 책, 62쪽).

(2) 강도 환축 외성의 실체

강도시기 외성의 범위에 대해서는 강도의 동쪽 해안가와 남쪽을 환축 했다는 견해와 승천포로부터 초지까지 강화도 북쪽과 동쪽 해안선을 따라 이어진다는 의견으로 나뉜다는 것은 Ⅱ장에서 살펴본 바와 같다. 전자에 따르면 해안 외성은 강화도 동북쪽의 월곶 부근에서 시작해 해안을 따라 이어지다가 불은면 고릉리의 화도돈대 근방에서 서쪽으로 꺾여 삼동암리의 '혈구진성'까지 이어지면서 강도의 도성을 동쪽과 남쪽에서 감싸 안은 형태가 된다.[142] 후자는 승천포~적북돈대까지의 구간을 제외하면 나머지는 조선시대 외성의 노선과 같다. 이렇게 보면 외성의 범위에 대한 두 견해 간의 중요한 차이는 강도의 남쪽에 있는 화도~혈구진성 구간이 외성의 범위에 포함되는지 여부가 된다. 따라서 강도 외성의 남쪽 구간 흔적으로 여겨져 왔던 토루의 실체를 우선 살펴보도록 하겠다.

이 토루는 불은면 고릉리에서 삼동암리까지 동서 방향으로 '혈구진성'까지 이어진다. 토루의 길이는 약 5km이며, 규모는 하단 폭이 5.7~8.7m, 상단 폭은 1.2~1.8m, 높이는 약 2.4m이다.[143] 현재 지표조사만 이루어진 상태여서 토루의 구조와 축조 시기는 파악할 수 없다. 그러나 입지와 형태로 볼 때 이 토루는 강도를 방어하기 위한 시설로 보기 어렵다.

다음 지도에서 보듯이 토루는 혈구산에서 화도로 이어지는 마장천 남쪽 능선의 북사면 끝자락에 위치한다. 그런데 이 토루가 강도를

---

142) 이병도는 외성의 북쪽 범위에 대해서는 구체적으로 언급하지 않았지만 윤용혁과 이병도의 견해가 차이가 없는 점을 감안해 여기에서는 외성의 범위는 윤용혁의 견해를 기준으로 서술하였다.

143) 한울문화재연구원, 2010a, 앞의 책.

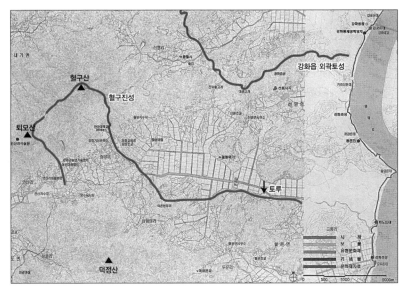

'혈구진성'과 토루 현황

방어할 목적으로 축조된 외성이라면 토루의 위치는 마장천 북쪽에 있거나 아니면 지금보다 남쪽으로 이동해 능선의 정상부에 있어야 한다. 왜냐하면 지금처럼 능선의 북쪽 끝자락을 따라 토루가 이어져 있으면 강도의 남쪽에서 군사적 공격이 있을 경우 토루가 능선보다 낮은 위치에 있기 때문에 방어 기능을 수행할 수 없기 때문이다. 토루의 단면 형태도 강도가 위치한 북쪽이 낮고 남쪽이 높기 때문에 이 토루는 강도의 방어를 목적으로 축조된 것이라고 볼 수 없다.

그렇다면 토루의 성격은 무엇일까? 그동안 이 유적은 강도 외성 이외에 '혈구진성'의 남동쪽과 연결되기 때문에 진성의 翼城으로도 알려져 있었다.[144] 혈구진은 844년(문성왕 6) 강화에 설치된 軍鎭으로[145]

---

144) 육군박물관, 앞의 책.
145) 『三國史記』 권11, 新羅本紀11 文聖王 6年 8月, "置穴口鎭以阿湌啓弘爲鎭頭".

공물 운반의 안정성과 문성왕의 세력기반 확보,[146] 서해안 연안 항로의
보장을 위해서 설치되었던 것으로 이해되고 있다.[147] 지금까지 혈구진
의 진성으로 알려져 있는 이 유적은 혈구산과 퇴모산의 정상부와
그 남쪽의 삼성리 일대를 역 사다리꼴로 감싸 안고 있다. '혈구진성'의
둘레는 위의 토루를 제외하고 약 6.56km에 달한다.[148] 진성의 성벽은
구간별로 토축과 석축이 혼용되고 있는데 평지는 토루, 능선은 대부분
석축으로 이루어져 있다. 토루의 규모는 폭 6~7m, 높이 1.2~2m 가량이
다. 석축은 폭 1~2m, 높이 0.6~0.8m의 크기로 막돌을 4~5단 가량
쌓아올린 모습이다.[149]

혈구진에 대해서는 진의 위치와 규모 같은 구체적인 내용은 전해지지
않는다. 다만 『속수증보강도지』에 '혈구진성'이 위치한 곳까지 바닷물
이 들어오며 이 일대에 서문안, 성문안, 돌성 등 성곽과 관련된 명칭이
있다는 점을 들어 이곳을 혈구진의 진성으로 비정하였다.[150] 이후
이 유적은 별다른 의심 없이 혈구진의 진성으로 인식되어 왔다. 하지만
유적의 규모나 형태로 볼 때 이곳을 진의 방어를 위한 성곽으로 보기에
는 어려운 점이 많다.

혈구진은 청해진, 패강진, 당성진과 함께 8~9세기 통일신라의 주요
거점에 설치된 4개 군진 가운데 하나다. 따라서 혈구진의 진성 구조와
규모는 당시에 설치된 다른 진성과 비슷할 가능성이 높다. 그런데
유적을 확인할 수 없는 패강진을 제외한 청해진성과 당성을 '혈구진성'

---

146) 엄성용, 2003, 앞의 글, 145쪽.
147) 박남수 2003, 「통일신라와 후삼국시대의 강화」, 『신편 강화사』, 강화군 군사편찬위
　　 원회, 110~111쪽.
148) 한울문화재연구원, 2010a, 앞의 책.
149) 인천시립박물관, 2007a, 앞의 책.
150) 『續修增補江都誌』 古蹟.

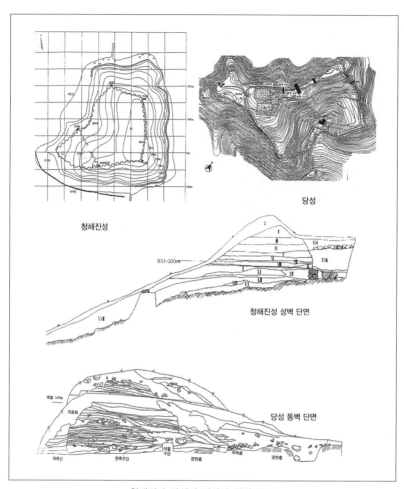

당성

청해진성

청해진성 성벽 단면

당성 동벽 단면

청해진과 당성의 평면과 성벽 구조

과 비교해 보면 상당한 차이가 확인된다.

    청해진성과 당성은 둘레가 각각 890m와 1,200m로 '혈구진성' 둘레의 약 1/5에 불과하다. 삼국시대 백제와 신라의 산성 둘레가 1km 이하가 대부분이라는 점을[151] 고려한다면 혈구진성으로 알려진 이 유적의 규모는 지나치게 크다는 것을 알 수 있다. 또, 청해진성과 당성의 성벽은

혈구진성 석축

혈구진성 토루 단면(인하대박물관)

혈구진성 석축 및 토루

기단부에 석렬을 설치하고 중심토루를 판축으로 조성한 뒤 외피를
덮는 구조의 기단석렬 판축토성에 해당한다.[152] 이러한 축조 방식은
통일신라~고려시대 토성 건설에 보편적으로 사용되었다는 것은 이미
살펴본 바와 같다. 그런데 지금까지 혈구진성으로 알려진 유적의 석축
은 불규칙한 산돌을 이용해 쌓은 형태로, 성벽이라기보다는 돌담에
가깝다. 평지 구간의 토루도 판축이 아니라 단순히 성토하여 쌓은
것이다.[153] 석축 구간의 모습은 성벽이 파괴된 형태로도 볼 수 있지만

151) 심광주, 2006, 앞의 글, 62쪽.

152) 국립문화재연구소, 2002,『장도 청해진 유적발굴조사보고서 Ⅱ』; 2001,『장도
    청해진 유적발굴조사보고서』; 한양대학교박물관, 2001,『당성 2차 발굴조사 보고
    서』; 1998,『당성 1차 발굴조사 보고서』.

153) 인하대학교박물관, 2007,『강화 교육청사 신축부지내 문화유적 발굴조사 약보고

이 경우 많은 석재가 주변에 산재하는 것이 보통인데 주위에서 성벽이 붕괴된 흔적은 찾을 수 없다. 게다가 석축 바깥쪽이 안쪽에 비해 지대가 높은 구간이 많아 방어시설로 적합하지 않다.[154] 이처럼 '혈구진성'은 규모와 성벽 구조 모두 통일신라시대의 축성 전통과는 상당한 거리가 있다.

이상의 내용으로 볼 때 이 유적은 통일신라시대 진성이라기보다는 조선시대 강화도에 설치되었던 목장의 경계인 목장성일 가능성이 높다. 앞에서 언급하였듯이 강화도에는 고려시대부터 시작해 특히 조선시대에 말목장이 여러 곳 운영되었다. 말목장은 말들에게 먹일 수초와 물이 풍부하고, 방목할 때 말의 이탈을 손쉽게 방지할 수 있어 주변 경작지의 피해를 최소화할 수 있는 지역에 설치되었다.[155] 강화는 이와 같은 말목장의 입지조건에 잘 부합되는 곳이었다. 고려시대 강화도에 있었던 江陰場은 고려 10대 목장 가운데 하나였고, 말목장이 가장 번성할 때인 조선 전기에 강화도에는 10여 개의 목장이 있었다.[156]

목장에는 말의 이탈을 방지하기 위한 목장성이 설치되었는데 현재 강화도 본도에는 진강산과 마니산, 길상산 일대에 목장성이 남아있다. 목장성은 평지 또는 완만한 구릉에는 토루를 쌓았고 산 사면이나 능선에는 석축을 설치하였다. 현재 남아있는 목장성의 규모는 토루의 경우 너비 3~7m, 높이 0.6~2m 가량이며, 석축은 너비 0.8~2m, 높이 0.4~1m 내외다.[157] 강화도 목장성에서 구간별로 토루와 석축을 교대로 쌓는 방식이나 막돌로 쌓아올린 석축의 형태는 '혈구진성'의 그것과

서』; 2006, 『강화 삼성리 약쑥 특구 지구 내 문화유적 시굴조사 약보고서』.
154) 한울문화재연구원, 2010a, 앞의 책, 185~187쪽.
155) 인천시립박물관, 2007a, 앞의 책, 22쪽.
156) 『江都志』 牧場.
157) 인천시립박물관, 2007a, 앞의 책, 55~56쪽.

<표 8> 주요 목장의 현황

지역	목장명	위치	구조 및 규모(m)			비고
			종류	너비	높이	
경기도	강화 진강장	섬	석축 (토루)	1.5~2	0.5~0.6	지표조사
	강화 북일장	섬	석축 (토루)	1.0 내외	0.5	지표조사
	강화 길상장	섬	토루	4.5~6	1~1.5	지표조사
	강화 장봉도	섬	석축	1.0 내외	0.4~0.6	지표조사
	평택 홍원곶	곶	토루	6~10	2 내외	발굴조사
	평택 괴태곶	곶	토루			
전라도	고흥 절이도목장	섬	석축	3.2내외	1.7~2.8	기념물 제206호
	여수 백야곶(곡화)	곶	석축	2.4 내외	0.8~1.2	지표조사
경상도	남해 흥선목장	섬	석축	1.0	1.4	발굴조사
	부산 오해야항	곶	석축	2~3	1.5~2.5	
	울산 방어진 목장	곶	석축	2.0 내외	2.0 내외	기념물 제18호
	포항 동을배곶(장기)	곶	석축	2.0 내외	2.0 내외	

흡사하다.

목장성은 강화도를 포함해 전국적으로 분포한다. 『증보문헌비고』에는 171개소의 목장이 전해지는데 이 가운데 현재 발굴 또는 지표조사를 통해 현황을 비교적 구체적으로 파악할 수 있는 유적은 대략 10여 개소 정도다.[158]

목장은 대부분 섬이나 바닷가의 串에 위치한다. 말을 기르기 위해서

---

158) 김성철·이철영, 2011, 앞의 글 ; 나동욱·이철영, 2010, 「울산 남목마성에 대한 고찰」, 『한국 성곽학보』 17호 ; 나동욱, 2004, 「조선시대 오해야항목장 고찰」, 『박물관연구논문집』 11, 부산박물관 ; 안수영, 2013, 『조선후기 방어진목장의 운영과 목자』, 울산대 석사학위논문 ; 최인선, 2009, 「여수 곡화목장의 고고학적 고찰」, 『조선시대 여수의 곡화목장』, 전남대학교이순신해양문화연구소 ; 2007, 「고흥 절이도 목장성에 대한 고찰」, 『한국성곽학보』 제12집 ; 홍성우·김재영·강영수, 2013, 「남해 흥선목장의 공간구조와 기능에 대한 연구」, 『야외고고학』 제7호.

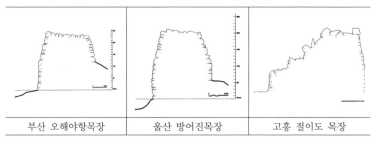

| 부산 오해야항목장 | 울산 방어진목장 | 고흥 절이도 목장 |

목장성의 석축 구조

는 넓은 방목지가 필요한데 말들이 농작물에 피해주는 것을 막기 위해서는 주변에 경작지가 없거나 경작지로부터 멀리 떨어진 지역에 목장을 설치해야 했다. 이러한 점에서 섬과 해안, 특히 곶은 적은 노력으로도 말의 이탈을 쉽게 방지를 할 수 있어 목장이 자리 잡기에 적합하다. 또, 도서 해안지역은 여말선초에 왜구의 피해로 인해 주민들이 뭍으로 이주되어 비어 있는 경우가 많아 목장이 들어서기 좋았다. 조선은 도서지역에 주민의 거주나 입도를 제한하고 말을 키우기 위해 국영목장을 설치하는 空島 정책을 수행하였다.[159]

섬에 설치된 목장은 섬 전체 혹은 일부 지역을 방목지로 활용하였다. 강화도의 진강장과 북일장, 장봉도, 고흥 절이도, 남해 흥선목장이 이에 해당한다. 해안 곶에는 곶을 가로질러 목장성을 설치함으로써 내륙으로 마필의 왕래를 차단하였다. 평택 홍원곶, 괴태곶, 여수 백야곶 (곡화), 부산 오해야항, 울산 방어진 등이 대표적인 예다.

목장성의 구조는 석축과 토루, 석축+토루가 있는데 이중 석축이 가장 많다. 석축은 자연 할석을 이용해 협축으로 외벽과 내벽을 허튼층 쌓기로 올린 뒤 그 사이를 소형 할석으로 채운다. 석축의 너비는 1~3m,

159) 임학성, 2008, 「해양주민의 삶」, 『바다와 섬, 인천에서의 삶』, 인천광역시 역사자료관, 56쪽.

높이는 2~2.5m로 방어용 성곽에 비해 규모가 작다.

토루는 성토 방식으로 축조되었으며 규모는 너비 3~10m, 높이 0.6~2m 정도다. 강화도 진강목장 일부와 길상장, 평택 괴태곶과 홍원곶 목장에서 확인되는데, 이 중 홍원곶 목장은 유사 판축에 준할 정도의 성토 다짐으로 축조되었다.160) 구간별로 토루와 석축을 혼용하는 경우도 있는데 강화도 진강목장이 여기에 해당한다. 이 밖에 실제 유적으로 확인된 적은 없지만 목책이 설치된 경우도 많았을 것이다.161)

목장성의 규모는 현재 남아있는 것을 기준으로 하면 짧게는 140m에서 길게는 4.6km에 이른다. 그러나 목장별로 상당 구간이 파괴되어 남아있지 않은 경우가 많기 때문에 실제 목장성의 길이는 수 km에 달하는 경우가 많을 것으로 생각된다.162)

위에서 살펴본 목장성들은 강화도의 목장성에 비해 석축의 형태가 더 정연하기는 하나 기본적인 구조는 같다. 다만 강화도처럼 구간별로 토루와 석축이 혼용되는 예는 많지 않은데, 서울 구의동 살곶이 목장에서도 토루와 석축이 공존하고 있어163) 이러한 목장성의 형태는 강화도에서만 나타나는 모습은 아닌 것으로 보인다.

이상과 같이 강화도와 다른 지역의 목장성을 검토한 결과 '혈구진성'은 석축과 토루의 구조 그리고 약 6.5km에 달하는 둘레로 볼 때 통일신라시대 진성이 아니라 조선시대 강화도에 설치된 목장성일 가능성이 매우 높다는 것을 알 수 있다. 혈구산 일대에 목장이 있었다는 기록이

---

160) 가경고고학연구소, 2014, 『평택 안중 성해리 산9955임 일원 문화유적 발굴(시굴)조사 약식 보고서』.
161) 許穆, 『牧場地圖』.
162) 여수 곡화목장의 경우 현재 남아있는 석축의 길이는 2.5km지만 본래 목장성의 길이는 약 6km 정도로 추정된다(최인선, 2009, 앞의 글, 96쪽).
163) 서울특별시, 2003, 『서울소재 성곽조사 보고서』.

강화 진강목장	강화 장봉도 목장
강화 북일목장	여수 곡화도 목장(최인선)
고흥 절이도 목장(최인선)	서울 살곶이 목장(서울특별시)

강화도 및 타 지역 목장성

나[164] 이 일대에 '馬場川'과 같이 목장과 관련된 지명이 남아 있는 점도 이 유적이 목장성임을 뒷받침한다.[165]

앞에서 보았듯이 목장성은 그 형태가 성곽과 매우 비슷해 과거에는

---

164) 『文宗實錄』 권7, 文宗 1년 5월 1일.
165) 마장천이라는 이름은 『江都志』에 혈굴산에서 출발하는 하천으로 기록되어 있어 최소한 조선 중기부터 사용되었던 것으로 보인다.

이를 성곽으로 인식하는 경우가 많았다. 서울 살곶이 목장은 과거에 아차산 장성으로 보고되면서 백제 또는 신라성곽으로 알려지는 등 유적의 성격에 대한 논란이 있었고,[166] 평택 홍원곶 목장도 최근까지 석장리장성으로 알려져 있었다.[167] '혈구진성'이 목장이 아니라 성곽으로 인식되게 된 것도 이와 같은 맥락에서 비롯된 것으로 이해될 수 있다. 혈구산 일대에 성문안, 서문안 등 성곽의 존재를 암시하는 지명이 남아있는 점도 이러한 정황을 반영한다고 하겠다.

그렇다면 혈구진성의 익성으로 파악되었던 토루 또한 목장성의 일부였던 것으로 볼 수 있다. 다음 지도에서 보듯이 진강산의 서쪽 사면에 위치한 진강목장의 목장성은 일부 구간이 단절되어 있지만 '혈구진성'의 남서쪽과 이어지고, 다시 남동쪽에서 위의 토루가 연결되어 동쪽 해안까지 이어지는 모습이 확인된다. 진강산과 혈구산을 포함해 오늘날 강화군 불은면 일대를 목장성이 둘러싸고 있는 것이다.

진강목장은 본래 진강산에 있었으나 1427년(세종 9)과 1456년(세조 1)에 진강, 重場, 吉祥 등 세 목장을 합하여 담을 쌓고 하나로 운영되면서 목장의 범위가 대폭 확대되었다.[168] 현재 혈구산과 진강산 일대에 남아있는 목장성은 이렇게 세종~세조 년간에 3개의 목장이 합쳐지면서 하나로 연결되었던 것으로 보인다. 이후 이곳은 진강장 혹은 길상장이라 불렸고 인조 년간에 폐지되었다.[169]

이처럼 강도 외성의 흔적으로 보았던 불은면 일대의 토루는 혈구진성으로 알려진 유적과 더불어 조선시대 목장성이라는 것이 확인되었다.

---

166) 서울특별시, 앞의 책, 288~290쪽.
167) 가경고고학연구소, 앞의 책.
168) 『世宗實錄』 권36, 世宗 9년 6월 2일 ; 『世祖實錄』 권33, 世祖 1년 2월 10일.
169) 『餘地圖書』 「江都府志」 牧場.

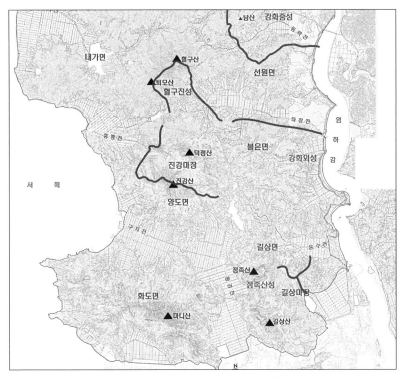

진강목장의 목장성(한울문화재연구원)

따라서 강도의 남쪽을 감싸 안은 형태의 외성은 존재하지 않았음을
알 수 있다.

(3) 강도 동쪽 해안 외성의 실체

다음으로 승천포~초지까지 강화도 동쪽과 북쪽 해안을 따라 이어지
는 외성의 실체를 검토해보자. 기왕에 강도시기 외성의 범위를 이렇게
인식한 것은 이미 말했듯이 조선시대 외성이 강도 외성을 바탕으로
축조되었다고 보았기 때문이다. 여기에 1256년(고종 43) 간척된 제포·와

포, 이포·초포의 위치를 각각 조선시대 승천포·송정포, 굴이포·초지 부근으로 보고 이 구간을 이전에 쌓은 외성을 확장한 곳으로 파악하면서 강도 외성의 범위를 승천포~초지까지로 보았던 것이다.[170]

그러나 여기에는 몇 가지 문제가 있다. 우선 앞에서 말한 것처럼 조선시대 외성은 강도의 외성과 관련이 없기 때문에 조선시대 외성의 범위를 기준으로 강도 외성의 범위를 추정하는 논리는 성립되기 어렵다. 아울러 외성이 추가로 확장된 지역으로 본 간척 지역의 위치에 대한 신빙성이다. Ⅲ장에서 살펴본 것처럼 1256년(고종 43) 둔전 확보를 위해 간척을 시행한 곳을 각각 승천포 일대와 초지 부근으로 본 것은 『속수증보강도지』의 기록을 근거로 한 것이다. 제포는 고려시대 승천포를 가리키는 이름이라는 점에서 강화도 북쪽 해안에 위치하는 것으로 보는 것에는 동의하지만 이포와 초포를 초지로 비정할 근거는 없다. 『강도지』에서도 그곳의 위치가 어딘지 알 수 없다고 전하고 있다.[171] 게다가 제포 일대의 간척 구간을 강도 외성의 범위에 포함시킬 수 있는지도 의문이다. 제포 일대의 간척은 강도의 식량사정이 급격이 악화되면서 둔전 확보를 목적으로 시행된 것으로 강도의 방어와는 관련이 없기 때문이다. 더구나 이미 살펴본 것처럼 강화도 북쪽 해안은 전술적 측면에서 해안 방어의 필요성이 낮기 때문에 동쪽 해안을 따라 외성이 존재하고 있었다고 하더라도 이 일대까지 해안선을 따라 제방이 연결되었다고 보기 어렵다. 또, 『속수증보강도지』에 전하는 것처럼 이포와 초포가 실제로 초지 부근이라고 하더라도 제포와 같이 농경지 확보를 목적으로 간척된 곳이기 때문에 이곳을 군사적 방어를 위한 외성의 범주에 포함시킬 수 없다.

---

170) 김창현, 2004, 앞의 글, 156~157쪽.
171) 『江都誌』 古蹟.

그렇다면 강도시기 동쪽 해안 일대에 있었던 제방의 범위는 어디까지인가? 지금으로서는 당시 해안 제방의 범위를 구체적으로 파악할 수 있는 자료는 확인되지 않는다. 그렇지만 강도시기에 조선 후기와 같이 대규모 제방을 쌓았을 가능성은 높지 않다. 왜냐하면 강도시기 동쪽 해안에서 내륙으로 부터 침입이 가능한 곳은 갑곶 일대 뿐이었기

간척 이전 해안선과 토성의 범위(한울문화재연구원)

때문이다. 조선시대에는 강화도 동쪽에서 군사적 침입이 가능한 통로가 갑곶 이외에도 광성과 우도를 경유하는 경로도 있었지만[172] 이는 강화도의 지형 변화에 따른 결과라는 것은 이미 살펴본 바와 같다. 더구나 조선시대 강화도 동쪽 해안가의 제방은 현종~숙종 년간에 단속적으로 조성된 것이다. 따라서 강도시기 해안 제방은 조선시대의 그것보다 길이가 짧았을 것으로 보는 것이 합리적일 것이다.

다만 강도시기 해안 제방의 범위는 강도 도성의 형태를 통해 추정해 볼 수 있을 듯하다. 앞에서 본 것처럼 강도 도성의 바닷가에서는 성벽이 확인되지 않는다. 도성의 북동쪽 종단점인 옥창돈대와 남동쪽 종점인

---

172) 『江都誌』 形勝, "육지에서 이 섬으로 들어오는 길은 원래 세 갈래가 있다. 통진을 지나 문수산에 이르는 길은 갑곶의 직로이며, 광성으로 들어가는 길은 下道며 조강에서 해안을 따라 내려와서 留島로 오는 길이 평상시 다니지 않는 길이다".

신정리에서 구릉이 끝나면서 성벽 줄기도 끊겨져 있다. 성벽이 끝나는 지점과 현재 바닷가까지 거리는 약 200~250m 정도다.[173]

도성은 한 나라의 수도를 상징하는 시설이지만, 동시에 방어를 목적으로 하는 성곽이기 때문에 해안 구간에 방어 시설이 없었다면 본연의 기능을 수행할 수 없다. 때문에 최소한 도성의 동쪽 구간에는 어떤 방식으로든지 방어 시설을 갖추지 않으면 안 되었을 것이다. 이 구간의 방어를 위해 간척 이전의 해안선을 따라 돈대 등을 축조했을 것이라고 보기도 하지만[174] 돈대는 조선 후기 한반도에 처음 등장한 군사시설이다. 또, 유사한 방어시설을 설치했다고 하더라도 섬 깊숙이 들어온 만에서는 병력의 신속한 이동이 어려워 전술적으로 적절하게 대처하기 어렵다. 따라서 도성 동쪽 구간의 방비를 위해서 해안 제방을 설치했을 가능성이 가장 높다. 제방은 간척을 위한 시설물이지만 축조 이후에는 복잡한 해안선을 신속하게 연결할 수 있는 교통로가 되며 제방 위에 목책과 같은 시설을 설치한다면 곧바로 성곽으로서 역할을 수행할 수 있다.[175]

도성의 해안 구간 방어체제는 강도의 도성과 입지 형태가 유사한 진도의 용장산성의 예를 통해 추정해 볼 수 있다. 잘 알려져 있듯이 이 산성은 1270년(원종 11) 삼별초가 강화를 떠나 진도에 입도했을 당시 근거지로 활용되었던 성이다. 종래에는 삼별초가 축성했던 것으로 알려져 있었지만 발굴조사 결과 그 이전인 1243년경에 축조된 것으로 파악되었다.[176] 이것으로 보아 용장산성은 대몽항쟁기 몽골의 침입을

---

173) 천도기 당시의 해안선은 지금보다 섬 안쪽에 형성되어 있었기 때문에 도성의 종점부분은 지금과는 달리 해안가에 인접해 있었을 것이다.
174) 한울문화재연구원, 2010a, 앞의 책, 214쪽.
175) 배성수, 2006, 앞의 글, 375쪽.
176) 목포대학교박물관, 2006, 앞의 책, 96쪽.

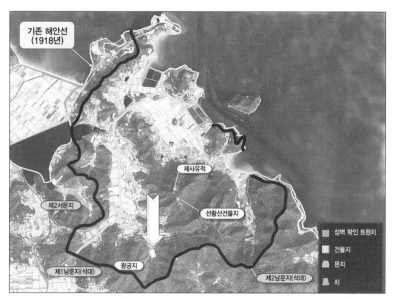

용장산성 현황도(목포대박물관)

피해 고려의 해도입보정책의 일환으로[177] 축성된 입보용 산성임을
알 수 있다.[178]

산성의 둘레는 12.85km이며 대부분의 구간은 협축으로 쌓아 올린
성벽으로 이루어져있다. 산성의 북벽과 서벽, 동벽의 일부가 바다에
접하고 있고 나머지 구간은 능선을 따라 이어진다. 바다에 인접해
있으면서 섬 안쪽으로는 능선을 따라 성벽이 이어지는 용장산성의
입지와 평면 형태는 강도의 도성과 매우 흡사하다.[179] 산성의 동북쪽

---

177) 고려의 대몽전략은 해도와 선성 등에 입보를 하는 청야전술이었다. 이러한 입보정
책은 몽골의 강력한 군사력에 상대적으로 약한 방어력을 보강하는 방책으로
활용되었던 것으로 본다(윤용혁, 1991, 앞의 책, 184~190쪽 참조).

178) 윤용혁은 용장산성이 축성된 것으로 파악된 1243년은 대규모 입보 성곽의 수축시
점으로서는 지나치게 빠르다고 보고 삼별초가 진도로 웅거하기 10여년 정도
전인 1260년경에 축성된 것으로 보고 있다(윤용혁, 2014, 『삼별초』, 204~208쪽).

179) 입보용 산성인 용장산성과 강도의 도성은 유적의 위상은 다르지만 축성 시기와

구간의 곳에는 성벽이 남아있지만 만을 이룬 곳에는 성벽이 없다. 碧波津으로 불리는 이곳은 일제강점기에 제방이 축조되기 전에는 바닷물이 들어왔던 곳으로 썰물 때에는 선박이 통행할 수 없는 곳이다.[180] 어쨌든 곳 구간에 성벽이 남아있는 것으로 보아 현재 성벽이 없는 구간도 어떤 방식으로든지 성벽과 연계해 방비를 했을 것이다. 구체적인 모습은 알 수 없지만 제방을 축조하거나 목책을 설치했을 가능성이 높다. 이와 관련하여 장도 남서쪽 해안가를 따라 2열의 방어용 목책이 설치된 청해진의 예처럼[181] 벽파진 해변 뻘층에서도 30여 개의 원목렬이 확인되었다는 것을 볼 때[182] 이 구간에 목책을 설치했을 것이다.

용장산성의 예를 강도 도성에 적용시켜 본다면 갑곶 일대의 육지 구간에 성벽을 쌓고 그 북쪽과 남쪽의 갯골 구간에는 제방이나 목책을 설치했을 것으로 생각된다. 그런데 앞에서 보았듯이 강도시기에 제방을 축조했다는 기록이 전하기 때문에 제방을 방어시설로 활용했을 가능성이 높다.

따라서 강도시기에는 조선시대와 같이 강화도 동쪽 해안을 따라 이어진 대규모 해안 제방은 없었다. 다만 도성 동쪽 해안구간을 크게 벗어나지 않는 범위에 제방이 축조되었을 것으로 보는 것이 합리적일 것이다. 그렇다면 도성 동쪽 해안 구간에 축조된 제방을 강도의 외성으로 볼 수 있는지가 문제로 남는다. 이에 대해서는 다음 장에서 살펴보도록 하겠다.

성곽의 입지가 유사하기 때문에 도성의 해안 구간에 대한 방어체계를 추정할 수 있는 방증자료가 될 수 있다.

180) 목포대학교박물관, 2006, 앞의 책, 95쪽.
181) 국립문화재연구소, 2002, 앞의 책.
182) 윤용혁, 2014, 앞의 책, 214쪽.

江都의 성곽체제와 공간구조

1. 외성·중성·내성의 비정

1) 외성

강도시기 도성의 동쪽 해안가에 축조되었던 제방의 성격을 파악하기 위해 1235년(고종 22) "강을 따라 제방을 加築했다."는『고려사』의 기록에 다시 주목할 필요가 있다.[1] 이는 강도 바닷가에 외성을 축조하는 과정의 일환으로 파악해 그동안 강도시기 해안 외성의 존재를 뒷받침 해주는 기록으로 여겨져 왔다.[2] 그런데 외성은『고려사』에 축성 사실이 전하기 때문에[3] 제방을 쌓는 작업이 외성의 범위를 확장하는 것을 의미한다면 이처럼 제방과 외성의 축조를 별도로 기록할 필요는 없었을 것이다.

---

1) 『高麗史』권129, 列傳42 叛逆3 崔忠獻 ;『高麗史節要』권16, 高宗 22년.

2) 김창현, 2003, 앞의 글, 198쪽 ; 윤용혁, 2005, 앞의 글, 205쪽.

3) 『高麗史』권23, 世家23 高宗24년 10월 ;『高麗史』권82, 志36 兵2 城堡.

다시 말해 이 기사는 강도 동쪽 해안에 축조되었던 제방은 외성이 아니라는 것을 시사한다는 것이다.

그런데 제방을 쌓은 시점이 외성의 건설 기간에 해당하는 것을 보면 이 제방이 강도의 외성과 일정한 관계가 있다고 여겨진다. 당시 제방은 一品軍, 즉 고려 지방군의 공병부대가 쌓았는데,[4] 이는 해안 제방이 단순히 간척을 위해서가 아니라 강도의 방어를 목적으로 축조되었을 가능성을 보여준다. 강도 도성의 동쪽 해안 구간에 방어선이 구축되어 있지 않을 경우 도성은 성곽으로서 기능을 수행하지 못하기 때문에 도성을 축조하는 과정에 해안 방어선을 구축하기 위해 제방의 축조가 필요했다는 것이다. 한편 제방을 추가로 쌓았다는 것으로 볼 때 방어선으로 제방을 축조하는 작업은 도성의 건설과 함께 시작되었지만 보다 안정적인 방어선 구축을 위해 기존에 축조한 제방에 이어서 쌓았던 것으로 보인다. 이렇게 보면 강도의 외성은 해안 제방이 아니라 도성을 가리키는 것이며, 도성 동쪽 구간에 설치된 해안 제방은 성곽의 역할을 수행하는 해안 방어선의 개념으로 이해해야 할 것이다.[5]

이처럼 도성을 외성으로 보면 기존에 해안 외성의 존재를 뒷받침해주는 것으로 보았던 여러 문헌 기록이 보다 합리적으로 해석될 수 있다. 『동국이상국집』의 "해변에 새로 성을 쌓았는데 그 장관이 구경할 만하다."라는 내용은 제방을 성으로 인식할 수 있다는 점에서 이해될 수 있다. 『보한집』에 전하는 "공이 새로운 도읍에 강을 따라 성첩을 둘러쌓았다[沿江環堞]."는 기록은 바닷가를 따라 길게 이어지는 성벽 보다는 염하에 접해서 강도를 환축하고 있는 도성의 모습과

---

4) 『高麗史』 권129, 列傳42 叛逆3 崔忠獻.
5) 이러한 결론은 신안식이 제시한 견해와 맥을 같이 한다(신안식, 2009, 앞의 글, 53쪽).

더 부합된다고 하겠다.[6] 조선 후기의 기록이기는 하지만 「해동악부」에
는 외성이 '沿江環築'하고 있다고 전하는데, 이는『보한집』의 '연강환첩'
과 의미가 상통하는 것으로 이 또한 도성이 강도의 외성임을 방증한다.[7]

한편 강도의 도성을 외성이 아니라 중성으로 볼 경우 나타나는
문제점 또한 해안 제방을 외성으로 보기 어렵게 한다. 먼저 중성의
전략적 가치에 관한 것이다. 도성을 중성으로 보는 입장에서 중성은
외성이 바닷가에 인접해 있어 붕괴되기 쉽고, 그럴 경우 방어기능을
상실하고 적의 상륙을 용이하게 하는 부작용에 대한 대책으로 축조된
것으로 이해되고 있다. 그런데 이렇게 본다면 강도를 둘러싼 중성의
평면 구조상 동쪽 해안 구간이 돌파될 경우 궁궐까지 침입을 막을
수 있는 방어선이 없기 때문에 중성은 전략적으로 의미가 없게 된다.
오히려 해안 외성을 보완하고 방어력을 강화하기 위해서는 도성 내에
또 다른 성곽을 축조하는 것이 보다 합리적이다.[8]

다음으로 도성의 둘레가『고려사』에 전하는 중성의 길이 2,960間과도
맞지 않는다.[9] 기왕에는 1間을 10척으로 잡고 여기에 용척을 영조척(약
32cm)을 적용해 둘레를 약 9,472m로 보았다. 현재 도성의 길이는 약
11.3km이지만 여기서 강화산성과 겹치는 부분을 제외하면 약 9km로
비슷해진다고 파악하면서『고려사』의 중성이 도성을 의미하는 것으로
보았던 것이다.[10] 그런데『고려사』가 편찬된 시점인 조선 세종 때

6) 『東國李相國集』 권2, 次韻李平章後吳前詩見奇 ;『補閑集』 中卷.
7) 『休翁集』 권3,「海東樂府」 撤城怨.「해동악부」는 沈光世의『휴옹집』에 수록되어
   있다. 해동악부는 우리나라 역사 가운데 鑑戒가 될 만한 44편을 골라서 歌詩로
   읊은 것을 1617년(광해 9)에 엮은 것인데 심광세의 9대손인 심경택이 1859년(철종
   10)에 심광세의 다른 문집을 합쳐『휴옹집』으로 간행한 것이다(한국고전번역원
   해제).
8) 신안식, 2009, 앞의 글, 49쪽.
9) 『高麗史』 권23, 世家23 高宗 37년 8월 ;『高麗史』 권82, 志36 兵2 城堡.

거리 측정 등에는 주척이 사용되었기 때문에 1間=10尺은 약 20.6m가 된다.[11] 이를 기준으로 중성의 둘레 2,960間을 미터로 환산해보면 약 6km로, 현재 도성 둘레의 절반에 불과하다. 이와 관련해 개경 황성의 규모는 2,600間으로 전하고 있는데[12] 실제 황성의 둘레는 약 4.7km로 알려져 있다.[13] 주척을 적용해 황성의 둘레를 환산하면 2,600間 약 5.3km로 실제 측정치와 일부 오차가 있지만, 영조척을 적용하면 2,600間은 약 8km에 달하기 때문에 이 경우 주척이 적용된 것으로 볼 수 있다. 따라서 강도 중성의 둘레는 약 5~6km 내외로 보는 것이 합리적이다.

이렇게 볼 때 『신증동국여지승람』에서의 외성 둘레 37,076척(약 11.8km)이 도성의 실측 길이와 부합되는 점을 근거로 중성을 외성으로 착각하여 기록한 것으로 보았지만,[14] 여기서 외성은 강도의 도성을 가리키는 것으로 보아야 할 것이다. 게다가 『여지승람』에 외성의 규모는 길이가 아니라 둘레[周]로 표시된 것도 이를 뒷받침한다.

2) 중성과 내성

강도의 외성이 도성을 의미한다면 중성과 내성은 그 안쪽 어딘가에 있었을 것이다. 주지하듯이 『고려사』에 중성은 1250년(고종 37)에 축조되었으며 둘레는 2,960間, 대·소문의 수가 17개라고 전한다.[15] 성의

---

10) 김창현, 2004, 앞의 글, 156쪽 ; 2003, 앞의 글, 202쪽.
11) 박홍수, 앞의 책, 642쪽.
12) 『高麗史』 권56, 志1 地理1 王京開城府.
13) 전룡철, 1980a, 앞의 글, 20쪽.
14) 김창현, 2003, 앞의 글, 203쪽.
15) 『高麗史』 권23, 世家23 高宗 37년 8월 ; 『高麗史』 권82, 志36 兵2 城堡.

강화산성 동문

위치는 알려져 있지 않지만 최항의 묘지명에 "중성으로서 황도를 감쌌다"는 기록으로 보면[16] 중성은 궁궐을 포함한 강도의 중심을 둘러싼 성곽이었음을 짐작하게 한다. 최항 묘지명에서의 중성에 대한 묘사는 그동안 강도의 도성을 '중성'으로 보아왔던 근거 가운데 하나였다는 것은 이미 살펴보았다.[17] 중성에 관한 기록이 외성과 내성에 비해서는 좀 더 구체적이기는 하지만 중성의 실체를 확인하기에는 여전히 부족하다. 그런데 견자산 북쪽에 있는 강화산성 동문 부근에서 산성과 축선을 달리하는 성벽의 흔적이 발견되어 주목된다.

이 유구는 강화산성 동문 복원에 앞서 유구 확인을 하는 과정에서 존재가 확인되었는데 내·외측의 너비가 약 2.8m인 소형 할석으로 축조된 석렬이다. 조사에서 확인된 길이가 10여m에 불과하지만 축선이

---

16) 김용선, 2006, 「최항묘지명」, 『고려묘지명집성』, 한림대학교출판부.
17) 김창현, 2003, 앞의 글, 199쪽.

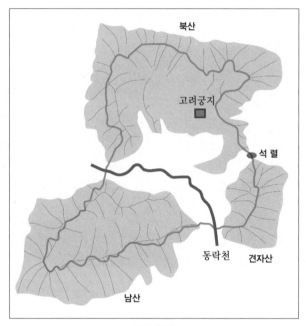

북산

고려궁지

석 렬

동락천   견자산

남산

석렬 위치

남동-북서방향, 즉 북산에서 견자산 방향으로 이어져 있어 강화산성의 성벽과 방향이 다르다. 또한 층위로 볼 때 이 유구는 강화산성보다 앞선 시기에 조성된 것으로 확인되었다.[18] 조사단에서는 석렬의 조성 시기는 알 수 없지만 토성의 하부 구조인 것으로 판단했다. 유구의 구조와 범위가 완전하게 확인되지 않은 상태에서 단정할 수는 없지만 이 석렬은 강화산성보다 앞서 만들어진 것은 분명하기 때문에 산성이 건설되기 이전 이 일대에 어떤 성곽이 있었는지를 살펴본다면 유구의 성격을 좀 더 자세하게 파악해 볼 수 있을 것이다.

강화산성이 건설되기 이전 지금의 강화읍 일대에는 강화부성이

---

18) 명지대학교부설 한국건축문화연구소, 2003, 『강화산성 동문지 유구조사 보고서』.

있었고 강도시기에는 궁성 또는 중(내)성이 자리했다. 강도시기 이전에는 이 일대에 성곽이 축조되었다고 볼 수 있는 문헌과 고고학적 자료는 확인되지 않는다. 따라서 지금으로서는 이 석렬이 강화부성의 흔적이 아니라고 한다면 강도시기의 유적일 가능성이 높다.

앞에서 보았듯이 강화부성은 정확한 축조 시기는 알 수 없지만 둘레 1,658보의 석성이었다. 병자호란 때 강화부가 청군에게 함락되면서 파괴된 것을 1677년(숙종 3) 전면 석축, 후면 토축으로 개축하였다고 전한다.[19] 당시 부성은 강화부를 한눈에 내려다 볼 수 있는 남산과 견자산을 포함하지 않았는데, 이렇게 되면 방어 상 효율이 떨어진다는 의견을 쫓아 1711년(숙종 37) 견자산과 남산을 포함해 확장하면서 지금의 강화산성이 완성되었다. 따라서 강화부성은 1711년을 기준으로 확장 이전과 이후의 두 시기로 나누어 살펴볼 수 있다.

옛 강화부성은 이미 살펴본 것처럼 둘레가 약 2.5~3km이며, 고려궁지를 중심으로 동쪽은 성공회 강화성당이 위치한 능선, 남쪽과 서쪽은 48번 국도(동락천 복개구간)와 궁골 일대가 성의 범위로 추정된다. 따라서 석렬이 확인된 강화산성 동문 부근은 옛 강화부성의 범위에 포함되지 않기 때문에 이 유구는 확장 이전의 강화부성과는 관련이 없을 가능성이 높다.

다음으로 구조적 측면에서 검토해보자. 옛 강화부성은 현재 남아있지 않기 때문에 성벽의 구조는 알 수 없다. 그런데 1677년 성벽이 전면 석축, 후면 토축의 방식으로 개축되었다는 사실이 주목된다. 이는 성벽 축조방식 가운데 편축식(내탁식)과 의미가 상통한다. 석축성의 축성 방식으로는 협축식과 편축식이 있는데 협축식은 체성의 내·외

---

19) 『江都志』城郭 ;『輿地圖書』「江都府志」城池 ;『江華府志』城郭.

강화산성 서문부근 기단석렬
(한국문화유산연구원)

강화산성 남문지 부근
(인하대박물관)

강화산성 동문지 부근
(명지대 한국건축문화연구소)

강화산성 성벽 기단

면을 돌로 나란히 쌓아올리는 방식이며, 편축식은 외벽만 석축으로
하고 그 내부에는 잡석을 채우고 흙을 덮어 마감하는 방식이다.[20]
이 가운데 편축식은 축성에 소요되는 인력 및 재료가 협축식에 비해
상대적으로 적게 투입되기 때문에 조선시대 읍성 등 성곽 축조에
널리 적용되었다.[21]

조선시대 읍성은 지반을 다진 후 작은 할석을 깔고 그 위에 지대석을
올린 뒤 안쪽으로 10~20cm가량 물려 성벽을 쌓아올리는 방식으로
축조되었다. 그런데 편축식의 경우 체성 외벽은 견고하게 기단을 축조
하지만 안쪽으로는 작은 석재로 기반을 다진 후 그 위에 잡석과 흙을

---

20) 국립문화재연구소, 2011b, 앞의 책, 655쪽.
21) 손영식, 앞의 책, 308쪽.

섞어 성벽을 보강하는 방식으로 건설되었다.

강화산성도 대부분 구간이 편축식으로 축조되었다. 동문지 부근 성벽과 남벽 그리고 서벽에서의 발굴조사 결과 할석을 깔아 다짐을 한 뒤 지대석을 놓고 그 위에 성벽을 안쪽으로 조금 물려 쌓아 올렸으나 내측 면에서는 기단 시설이 확인되지 않는다.[22] 이러한 조선시대 읍성의 성벽 구조를 고려할 때 내·외측 석렬이 나란히 이어지는 석렬은 1677년에 개축된 부성과는 관련이 없는 것으로 보인다. 한편 병자호란 당시 파괴된 옛 강화부성이 협축으로 쌓아졌다면 이 석렬이 석축성의 기단부일 가능성도 배제할 수 없다. 그러나 이 경우 석렬의 너비가 2.8m에 불과하기 때문에 협축 성벽의 기단부로 보기에는 지나치게 좁다.[23] 이처럼 강화산성 동문 부근에서 확인된 석렬 유구는 위치나 구조적인 면에서 옛 강화부성과 관련이 없고, 조사단의 견해처럼 토성의 기단석렬일 가능성이 높다고 여겨진다.[24]

그렇다면 이 토성은 언제 축조된 것인가? 지금으로서는 강화산성보다 앞서 축조되었다는 것 말고는 구체적인 시기를 판단하기 어렵다. 기단석렬을 설치하는 토성의 축조전통은 앞에서도 본 것처럼 통일신라시대부터 조선시대까지 이어지고 있기 때문이다. 하지만 강도시기 이전 강화읍 일대에 성곽이 들어서 있을 가능성은 낮다. 천도 이전부터 강화읍 일대는 강화현이 자리하고 있었지만 이곳에 성곽이 축성되었다고 볼 수 있는 자료나 역사적 정황은 확인되지 않는다.[25] 또, 개경으로

---

22) 명지대학교부설 한국건축문화연구소, 앞의 책 ; 인하대학교박물관, 2006,『강화산성 남문지 주변 인도개설구간내 문화유적 시굴조사 약보고서』; 한국문화유산연구원, 2010, 앞의 책.

23) 명지대학교부설 한국건축문화연구소, 앞의 책.

24) 기단석렬의 너비를 통해 성벽의 규모를 추측해보면 외성의 옥림리 구간의 경우 석렬 너비가 4~4.75m인데 외피를 포함한 토루의 폭이 약 12~13m인 점을 감안하면 석렬의 너비가 2.8m인 토성의 성벽 폭은 약 8~9m 가량으로 볼 수 있다.

환도 이후에는 강화의 전략적 중요성이 급격히 감소하였고, 1259년 내·외성이 훼철된 이후[26] 강화지역에서 축성 기록이 없는 점을 볼 때 강도시기 이후에 토성이 축조되었을 가능성도 낮다. 이렇게 볼 때 이 일대에 토성이 건설된 때는 강도시기가 가장 유력하며 따라서 이 토성은 강도의 중성이나 궁성일 개연성이 높다. 그런데 강도의 궁궐은 이미 살펴 본 것처럼 고려궁지 서쪽의 궁골 일대에 존재했을 것으로 보이기 때문에 이 유구는 중성의 흔적일 가능성이 높다고 생각된다.

그러면 중성의 범위와 성벽 노선은 어떠했을까? 지금으로서는 이를 확인할 수 없지만 이 성이 궁궐을 중심으로 건설되었을 것이기 때문에 오늘날 강화읍 관청리 일대를 둘러싼 모습이었던 것은 분명해 보인다. 먼저 석렬의 축선으로 볼 때 중성의 일부 구간은 견자산과 북산 사이를 연결했던 것으로 보인다. 견자산이 중성의 범위에 포함되었는지는 알 수 없지만 중성의 성벽이 최소한 견자산 부근에서 북산의 남동 사면을 따라 북산 능선부로 이어져 외성과 연결되었을 가능성이 높다.

---

25) 교동을 제외한 강화본도에는 강화현을 비롯해 하음현, 진강현이 있는데 각 현의 위치와 부합해 성곽이 분포하고 있다. 즉 고려산성, 하음산성, 정족산성이 이에 해당되는데 각 성의 분포지역은 강화현, 하음현, 진강현의 위치와 일치한다. 이 성곽들은 발굴조사가 이루어지지 않아 정확한 축조 및 운영 시기는 알 수 없지만 문헌기록과 출토유물로 보아 적어도 천도이전부터 운영되었던 것으로 보인다.
이와 관련해 고려시대 치소성은 대부분 산성이기 때문에(최종석, 2005, 「고려시기 치소성의 분포와 공간적 성격」, 『역사교육』 98, 211쪽) 강화도의 각 현들의 치소성이 존재했다면 위의 성곽들이 현성일 가능성이 높다. 강화현의 치소성으로 고려산성은 고려시대에 쌓은 것으로 전해지고 있는데(『新增東國輿地勝覽』 江華都護府 古蹟) 현재 군부대가 주둔하고 있어 토축과 석축이 병행된 것 말고는 성벽의 자세한 구조를 파악하기 어렵다. 그러나 성내에서 선문과 격자문의 통일신라시대~고려시대 기와류가 산재되고 있는 점으로 보아 천도 이전부터 강화현의 치소성으로 역할을 했을 것으로 판단된다.

26) 『高麗史』 권24, 世家24 高宗 46년 6월 11일 ; 6월 18일.

중성의 추정 범위

그리고 중성의 전체적인 범위는 동락천 북쪽에 한정되었을 것으로 생각된다.

1234년(고종 21) 1월과 3월 闕南里의 화재로 각각 수천 호가 불탔다는 기사로 보아[27] 강도에는 민가들이 빽빽하게 밀집해 있었음을 알 수 있다. 그런데 여기서 궐남리는 궐의 남쪽이라는 뜻으로 이해되는데, 이 일대의 지형 상 궁궐과 동락천 사이는 거리가 멀지 않았을 것이다. 따라서 궐남리는 궁궐의 남쪽 지역 가운데 동락천 건너편의 오늘날 강화읍 남산리 일대를 가리키는 것으로 판단된다. 그런데 중성은 민가 밀집 지역이었던 궐남리를 포함하지 않았을 가능성이 높다. 동락천

---

27) 『高麗史』권53, 志7 五行 火.

이남까지 중성의 범위에 포함되었다면 성곽의 방어적 측면에서 남산도성의 범위에 포함되어야 하는데,[28] 이 경우 성곽 축조에 많은 공력이 투입되어야만 하기 때문이다. 중성은 최항의 정치적 위상 강화를 위해 축조되었기 때문에[29] 일반 거주구역까지 포함해서 성곽의 규모를 확대할 필요는 없었을 것이다.[30] 만일 남산이 중성의 범위에 포함되었다면 성벽의 노선은 이 일대의 지형적 특성상 오늘날 강화산성과 상당부분 중첩될 수밖에 없다. 그러나 이 구간에서 고려시대의 흔적은 아직 확인되지 않았다.[31] 이렇게 보면 중성의 위치와 범위는 옛 강화부성과 비슷하게 되는데 중성이 부성보다 좀 더 바깥으로 확장된 모습이었을 것으로 생각된다. 한편 중성에 대·소문이 17개가 있는 것도 이 성이 도심에 위치했음을 시사한다고 하겠다.

다음으로 내성은 『고려사』에 축성기록 없이 외성과 함께 파괴된 사실만 전하고 있어[32] 실체가 분명치 않다. 그 때문에 이미 살펴본 것처럼 내성은 강도시기에 실제로 건설된 성곽이 아니라 강도의 다른 성곽, 즉 궁성을 가리키거나[33] 혹은 중성을 지칭하는 것으로 보는

---

28) 조선시대 초기 부성도 동락천 이북에 한정되어 있었는데 인조 년간에 부성을 동락천 이남으로 확장을 논의하였으나 "南門의 성은 내를 건너 물려 쌓고 싶어도 남산이 너무 가까운데, 이는 兵家에서 꺼리는 것입니다."라는 이유로 동락천 이남까지 확장은 시행되지 못했다(『仁祖實錄』 권5, 仁祖 9년 8월).

29) 신안식, 2009, 앞의 글, 49쪽.

30) 조선후기 강화부성을 확장하는 과정에서도 남산구간을 포함한 축성공사는 공역과 노역 등의 어려움을 이유로 반대의견이 심하였다(『肅宗實錄』 권47, 肅宗 35년 8월 무오).

31) 한울문화재연구원, 2011, 『강화산성 남장대지 유적』. 전체 구간 중 일부에 불과하지만 남산 정상부 구간의 강화산성 성벽 조사에서 이전 시기 성곽의 흔적은 확인되지 않았다.

32) 『高麗史』 권24, 世家24 고종 46년 6월 11일 ; 『高麗史』 권24, 世家24 고종 46년 6월 18일.

33) 윤용혁, 2005, 앞의 글, 208~209쪽.

시각이 많다.34) 지금으로서는 성의 존재 여부를 단정하기는 어렵지만 내성은 실재 성곽을 가리키는 것은 아니라고 생각된다. 이병도가 내성으로 여겼던 강화산성은 앞에서 본 것처럼 조선 후기에 새롭게 축성된 성으로 강도시기와는 관련이 없다. 또, 내성이 파괴된 이후에 궁궐의 門이 남아있고35) 내성의 훼철 이후에도 원종이 계속 궁궐에 머물렀다는 사실을 고려할 때 당시 파괴된 내성은 궁성을 의미하지 않는다는 것을 알 수 있다. 더구나 고려시대에 궁성을 내성으로 부른 사례도 없다.36) 따라서 현재로서는 내성은 강도의 중성을 의미할 가능성이 높다고 여겨진다.37) 개경의 황성도 격을 낮추는 의미이기는 하지만 내성으로 불리기도 했으며38) 조선 후기 자료이기는 하나 1678년(숙종 4) 병조판서 김석주가 강화에 돈대를 설치하기 위해 현지 조사의 결과를 정리한 「江都巡審後書啓」에도 고종 30년 축성된 중성을 내성이라고 칭한다.39)

---

34) 김창현, 2004, 앞의 글, 152~159쪽 ; 신안식, 2009, 앞의 글, 44~55쪽.

35) 『高麗史』 권25, 世家25 元宗 원년 3월 ; 『高麗史』 권54, 志8 五行2.

36) 김창현, 2004, 앞의 글, 157쪽.

37) 신안식, 2009, 앞의 글, 50쪽.

38) 『宣和奉使高麗圖經』 권5, 王府.

39) 『息菴遺稿』 「江都巡審後書啓」, "高麗史 지리지에 이르기를 고종 30년 강화 중성 2,960間을 축조하였다 합니다. 중성은 곧 내성을 말합니다."

2. 강도의 성곽체제

1) 성곽체제와 축조 배경

지금까지 검토 결과 강도의 성곽은 외성(도성)−중성(내성)−궁성으로 이루어진 것으로 파악된다. 이는 그동안 통설로 받아들여져 왔던 해안 외성−중성(도성)−궁성의 체제와는 사뭇 다른 것이다. 이렇게 강도의 성곽체제를 재구성한다면 각 성곽의 축조순서와 배경에 대한 설명도 기왕의 그것과 달려져야 한다.

〈표 9〉 강도 성곽체제에 대한 견해 비교

구분	해안 외성		환축 외성	필자
	윤용혁	김창현	신안식	
외성	월곶리~화도~혈구진(약 15km)	승천보~초지(약 23km 이상)	도성	도성(약 11.3km)
중성	도성	도성	·	관청리 일원 둘레 약5~6km내외
내성	궁성	중성	중성	중성
궁성	고려궁지 주변 둘레 2km 내외	고려궁지 주변 둘레 약 1.2km	·	궁골 일대 약 둘레 1~1.5km

강도로 천도한 이후 가장 먼저 건설된 성곽은 궁성일 것이다. 이미 살펴보았듯이 궁성을 쌓았다는 기록은 없지만 강도에도 개경에서와 같은 궁성 문의 이름이 전해지는 것으로 보아[40] 강도궁궐에 성이 있었던 것은 분명하다. 강도의 궁궐은 천도 이전부터 시작해 최소한 약 2년여에 걸쳐 조성되었는데 아마도 궁성은 당시 궁궐을 조영하는

---

40) 『高麗史』 권25, 世家25 元宗 원년 3월, "…自承平門入闕…".

과정에서 축조되었을 것이다.[41]

다음으로 외성이 건설되었다. 천도 직후부터 궁궐과 관청 등 도성의 중요 시설이 건설되면서 외성도 축조되기 시작했을 것이다. 좀 더 구체적으로 외성이 축조되기 시작한 시점은 몽골의 제2차 침입이 끝난 이후로 판단된다.[42] 강도 정부는 전쟁이 잠시 소강기에 접어든 틈을 타 천도 직후부터 진행되어왔던 기반 시설의 건설작업을 가속화하고, 동시에 강도의 방어와 도성의 안정을 위해 외성을 축조하였을 가능성이 높다.

천도 이후 외성(도성)의 축조를 서둘러 진행하였었던 것은 강도의 건설 과정에 외성이 가지는 의미가 중요했기 때문일 것이다. 전시라는 특수한 상황을 고려할 때 천도 직후 몽골의 침입으로부터 강도를 보호하기 위한 방어선의 구축이 무엇보다 시급했을 것이다. 그런데 강도 외성은 구조상 동쪽 해안 방어선이 적에게 돌파당하면 전략적으로 무용지물이 되기 때문에 군사적인 측면에서는 약점이 있다. 따라서 강도의 도성은 방어를 위한 목적 보다는 도읍의 범위를 확정하고 수도의 상징성을 부각시키기 위해 건설되었을 것으로 여겨진다. 강화 천도는 관료들의 반대에도 불구하고 무인정권의 집권자가 독단적으로 급속하게 추진한 것이기 때문에,[43] 천도의 정당성을 인정받고 민심의 안정을 위해서 새로운 수도인 강도의 위상을 부각시킬 수 있는 도성이 필요했던 것이다. 최항이 권력 승계 이후 중성을 축조한 것도 같은

---

41) 윤용혁, 2002, 앞의 글, 22쪽.
42) 몽골의 침입은 1231년 처음 고려를 침입한 이후 1259년까지 지속적으로 이루어진 것이 아니라 크게 6차례에 걸쳐 침입하였다(윤용혁, 1991, 앞의 책, 40~41쪽). 몽골군의 2차 침입은 1232년 8월에 시작해 몽골장수 살리타이[撒禮塔]가 처인성(용인)에서 전사하고 1232년 12월 철군하면서 종료되었다.
43) 윤용혁, 1991, 앞의 책, 135~139쪽 참조.

맥락이라 할 것이다.

이처럼 전시 상황에서 군사적 기능보다는 상징적인 의미가 강한 도성을 먼저 축조할 수 있었던 것은 강도 주변에 갯벌과 유빙, 거센 조류와 암초와 같은 자연 방어선이 존재했기 때문이다. 특히 갯벌은 썰물 때는 접근이 불가능하고 밀물 때 이동하더라도 시차가 맞지 않아 갯벌에 갇히면 큰 타격을 입을 수밖에 없기 때문에 그 자체가 천혜의 방어선이 된다.[44] 게다가 강도시기에 내륙에서 강화로 접근할 수 있는 곳은 갑곶과 승천포뿐이었기 때문에 해안 방어선의 구축은 그다지 시급하지 않았던 것이다.

이를 반영하듯이 몽골의 3차 침입이 진행되는 동안에도 외성의 건설이 이루어졌지만 이 기간 동안 몽골은 수 개월간 단속적으로 내륙지역에 대한 공격을 하였을 뿐 강도에 대한 직접적인 공격을 시도하지 않았다.[45] 몽골의 5차 침입부터 강화 대안에 몽골군이 출현하면서 강도를 직접적으로 압박하기도 했지만, 1259년 몽골과의 화의에 이르기까지 강도가 직접 공격을 받은 적은 없었다.[46] 이처럼 강도 해안의 방비는 병자호란 당시 강화가 함락당하는 경험을 했던 조선시대와 달리 전략적으로 중요성이 높지 않았다. 따라서 해안 방어선의

---

44) 이와 같은 강화의 지형조건은 조선시대까지도 방어 전략에 이용되었다. 『肅宗實錄』 권3, 肅宗 1년 4월 병진, "···摩尼山 아래 수 십리의 땅이 물기가 축축하여 사람들은 다닐 수가 없고 다만 潮水가 찰 때만 적의 배가 정박한다면 약간의 군사만 쓰더라도 방어할 수가 있습니다".

45) 강화 천도 직후 몽골군은 평안도지역의 포로들을 이용해 강화에 대한 공격을 모색하였으나 실행에 옮기지 못했다(윤용혁, 2003, 앞의 글, 264~265쪽).

46) 몽골의 6차에 걸친 침입은 대부분 내륙지역에 국한되어 있었다. 다만 5차 침입단계부터 강도에 대한 압박을 위해 지방과의 연결망 단절을 위해 압해도, 애도, 신위도 등 연안지역 섬에 대한 침입을 시도했으나 큰 성과를 거두지 못했다. 특히 전라남도 신안군 연안의 압해도 침공은 쟈랄타이가 배 70여 척을 직접 지휘해 공격한 것이었으나 실패하였다(윤용혁, 1991, 앞의 책, 322~324쪽).

구축보다는 도읍의 범위를 규정하고 수도로서 상징성을 부각시킬 수 있는 도성이 먼저 건설될 수 있었다. 그리고 해안가의 방어는 제방을 축조해 도성과 연결하는 수준에서 방어선을 구축했던 것이다.

이렇듯 중성이 축조되기 전 강도에는 궁성과 외성만 존재했다. 이러한 모습은 강도를 "안은 紫壘로 두르고, 밖은 粉堞으로 감쌌다."라는 「삼도부」의 묘사와 맞아 떨어진다.[47] 기왕에는 이를 궁성과 해안 외성을 묘사하는 것으로 이해하였지만,[48] "분첩으로 감쌌다"는 표현은 오히려 바닷가를 따라 건설된 외성보다는 강도를 둥글게 에워싼 형태의 외성을 의미하는 것으로 보는 것이 자연스럽다.

한편 최우의 뒤를 이어 최항이 집권한 다음 해인 1250년(고종 37) 8월 강도정부는 중성을 건설하였다.[49] 중성을 축조한 이유는 권력 승계 기간에 있던 최항의 정치권력의 강화를 위한 것이라고 이해되고 있다.[50] 새로운 권력의 힘과 정통성의 부각이 중성 건설의 주된 배경이었지만 당시 상황에서 대규모 토목 사업을 추진한 데는 다른 목적도 있었을 것으로 생각된다. 중성이 축조되었던 시점은 4차 침입 도중 구유크[貴由]가 사망하면서 몽골군이 철군한 뒤 전쟁이 소강기에 접어든 시기다. 그런데 1247년 4차 침입 당시 몽골군은 강도에 인접한 황해도 염주에 주둔하면서 강도를 압박하는 등 군사적 위협이 이전보다 강화되었다.[51] 따라서 강도 정부는 강도의 방비를 강화할 필요성을 느꼈을 가능성이 높다. 앞에서 본 것처럼 강도는 해안 방어선이 붕괴할 경우 궁궐을 비롯한 강도의 중심부에 대한 방비가 불가능하기 때문에

---

47) 『東文選』 권2, 「三都賦」.
48) 김창현, 2003, 앞의 글, 199쪽.
49) 『高麗史』 권23, 世家23 高宗 37년.
50) 신안식, 2009, 앞의 글, 49쪽.
51) 윤용혁, 2003, 앞의 글, 252쪽.

지속적으로 몽골의 군사적 위협이 강화되고 있는 정세 속에서 유사시 궁궐을 비롯한 강도의 핵심 시설을 방어하기 위한 성곽이 필요했을 가능성이 있다.

또 한편으로 중성은 강도의 궁궐과 주요 관청을 일반 거주구역을 분리하는 역할도 했을 것이다. 강도는 천도 직후부터 민가와 관청이 뒤섞여 있어 민가의 화재로 관청까지 불에 타는 등 무질서한 모습이었다. 특히 1245년 견자산 北里에 불이 나 민가는 물론 법왕사와 관청 등이 불에 탔는데[52] 이 사건 이후 관청 주변 50척 거리 안에 있는 민가를 헐어 화재에 대비하였다.[53] 중성을 축조하는 데 처음부터 도시 구획의 기능이 고려되었는지는 알 수 없지만 결과적으로 궁궐을 포함한 강도의 중심 구역과 그 외의 거주 구역을 구분하는 경계선이 되었을 것이다.

성의 위치와 범위로 보면 중성은 개경 황성과 기능이나 성격이 비슷하다고 볼 수 있다. 개경 황성은 궁궐과 상서성 등 중앙정부의 가장 핵심적인 부서들이 자리하는 도읍의 상징적인 공간이다. 이렇게 보면 그동안 중성을 강도의 도성이라고 보았던 근거 중 하나인 "중성을 쌓아 황도를 둘러쌌다"는 최항 묘지명의 기록도 다른 관점에서 이해할 수 있다. 개경은 고려의 도읍이 된 지 100여 년 뒤에 도성인 나성이 축조되었기 때문에[54] 도읍 초기에는 황성과 궁성만 존재하지만 나성 축조 이전부터 개경은 이미 황도로 불리고 있었다.[55] 이것은 황도가

---

52) 『高麗史』 권53, 志7 五行 火.

53) 『高麗史節要』 권16, 高宗 32년 4월, "여름 4월에 재신·추신이 아뢰어 左右倉과 문서·서적이나 돈과 곡식을 보관하고 있는 官廨 부근의 인가를 각 50척 거리까지 헐어서 화재를 방비하게 하였다".

54) 나성의 축조 목적은 기본적으로 도읍의 방어지만 행정적인 측면에서 도성의 범위를 확정하고 내부의 5부방리로 구성된 행정구역의 정비가 완비되는 계기가 되었다(박용운, 1996, 『고려시대 개경연구』, 24~25쪽).

도성으로 둘러싸인 공간을 의미하는 것이 아니라 국왕과 관련된 '일반명사'로 사용되었음을 보여준다.[56] 다시 말하자면 최항의 묘지명에 등장한 '황도'의 개념은 강도의 도성 전체가 아닌 국왕이 거주하는 궁궐을 비롯한 핵심공간을 의미하며 따라서 중성을 황도를 둘러싼 성곽으로 인식할 수 있다는 것이다.

2) 개경과 강도의 성곽체제 비교

주지하듯이 강도는 개경을 모방하여 건설된 것으로 알려져 있다.[57] 외성·중성·궁성으로 이루어진 강도의 성곽체제도 개경의 그것과 상당히 흡사하다. 개경의 성곽은 나성·황성·궁성 그리고 내성이 있으나, 이 중 내성은 나성의 방어적 약점을 보강하기 위해 1392년에 축조된 것이다.[58] 따라서 고려시대 개경에는 나성·황성·궁성만 있었다.

한편 성곽체제처럼 개경과 강도는 지형 또한 매우 닮았다. 그래서 강화도를 천도지로 선정한 이유 가운데 하나로 개경과 지형의 유사성을 들기도 한다.[59] 개경은 북쪽으로 송악산이 솟아있고 서쪽에 오공산이, 남쪽에는 용수산, 동쪽에는 덕암봉과 부흥산이 둘러싸고 있는 분지다. 이 분지 안에는 송악산 동남쪽에 있는 자남산과 송악산, 오공산, 용수산을 경계로 하는 작은 분지가 형성되어 있다. 개경의 궁궐과 주요 관청은 바로 이곳에 자리 잡고 있었다. 한편 도읍의 가운데로는 오공산에서

---

55) 『高麗史節要』 권2, 光宗 11년, "개경을 皇都라 하고, 서경을 西都라 하였다".
56) 신안식, 2000b, 「고려전기의 축성과 개경의 황성」, 『역사와 현실』 38, 2000, 23쪽.
57) 『高麗史』 권23, 世家23 고종 21년 2월.
58) 박용운, 앞의 책, 24쪽.
59) 김기덕, 2009, 「강도 궁궐의 입지와 개경 궁궐의 풍수 비교」, 『강화 고려궁지 학술조사 학술발표회자료』, 강화문화원, 26쪽.

발원한 하천과 송악산과 자남산 동쪽 줄기를 따라 흐르는 물줄기가 합쳐진 沙川이 서북-동남방향으로 가로 지른다.

전룡철의 개성 성곽에 대한 지표조사에 의하면[60] 나성은 송악산을 비롯한 개경 주변 산지의 능선을 따라 축조되었다. 황성과 궁성은 송악산 남쪽에 자리한 궁궐을 중심으로 위치하는데 이곳은 나성 전체에서 보면 서북쪽에 해당한다. 각 성곽의 둘레는 나성이 23,000m, 황성 4,700m, 궁성은 2,170m이며 모두 토성으로 알려져 있다.[61]

〈표 10〉 개경 성곽의 규모[62]

구분	규모	면적	출처
나성	10,660步(약 23,600m)		『고려사』
	10,660步(약 23,600m)		『고려사절요』
	60里(약 27,600m)		『고려도경』
	둘레 약 23,000m (동서 5,200m 남북 6,000m)	24.7㎢	전룡철
황성	2,600間(약 4,700m)		『고려사』
	둘레 약 4,700m (동서 1,125m 남북 1,150m)	1.25㎢	전룡철
궁성	둘레 2,170m (동서 373m, 남북 725m)	0.25㎢	전룡철

강도는 북쪽에 북산이 솟아있고 서쪽에는 고려산 줄기가, 남쪽과 동쪽에는 각각 남산과 견자산이 사방을 둘러싼 분지를 이루고 있다. 그리고 고려산에서 발원한 東洛川이 이곳을 동서로 가로질러 흐른다.

---

60) 지금까지 개경 성곽에 대한 이해는 1980년 전룡철의 조사 자료에 기초하고 있다.
61) 전룡철, 1980a, 앞의 글 ; 전룡철, 1980b, 앞의 글.
62) 이 표는 신안식의 글(신안식, 2000b, 앞의 글, 17쪽)의 표를 기초로 관련 자료를 참조하여 재구성한 것이다.

이를 개경과 대비해 보면 강도의 북산은 개경의 송악산, 남산과 견자산은 각각 용수산과 자남산에 상응한다. 또한 강도의 동락천은 개경의 사천과 흡사하다. 강도의 외곽에 자리한 능선을 따라 외성이 도읍을 에워싸고 그 안쪽으로 궁궐을 중심으로 중성이 자리하는 모습도 개경과 거의 비슷하다. 다만 외성의 동쪽 구간은 해안 제방을 방어선으로 활용한 것이 개경과 다른 점이다. 이렇게 보면 강도의 외성과 중성은 각각 개경의 나성과 황성과 대응한다.

〈표 11〉 개경과 강도의 성곽규모 비교

구분	개경		구분	강도	
	둘레	면적		둘레	면적(추정)
나성	약 23km(10,660步)	24.7㎢	외성	약 11km(37,076尺)	15㎢
황성	약 4.7km(2,600間)	1.25㎢	중성	약 5~6km(추정, 2,960間)	·
궁성	약 2.17km	0.25㎢	궁성	약 1~1.5km(추정, 3,874尺)	·

그러나 자료가 부족하기 때문에 지금으로서는 두 도읍의 성곽을 구체적으로 비교하는 것은 불가능하다. 다만 각 성의 문 개수와 규모가 다르다는 정도만 알 수 있다. 『고려사』와 『고려도경』에 의하면 개경 나성은 대문 4개, 중문 8개, 소문 13개 등 총 25개의 문이, 황성에는 20개의 문이 있었다.[63] 그리고 궁성에는 남문인 승평문을 비롯해 4개의 문이 있었던 것으로 전한다.[64] 그러나 강도 성곽의 문루에 대한 자료는 거의 없다. 중성에는 17개 대·소문이 있다고 전해지지만[65] 궁성은

---

63) 『高麗史』 권56, 志10 地理1 王京開城府條.
64) 궁성의 정문은 昇平門이고 동문과 서문은 東華門과 西華門이다. 동문과 서문은 인종 16년 각각 麗景門과 向成門으로 개칭되었다(김창현, 2002, 「고려시대 개경 궁성 안 건물의 배치와 의미」, 『한국사연구』 117, 119쪽). 한편 북문은 玄武門으로 알려져 있는데 황성의 현무문과 중복된다(신안식, 2000b, 앞의 글, 29쪽).

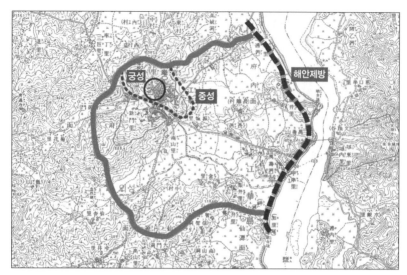

강도의 성곽체제

정문인 승평문과 동문의 존재가 확인되는 정도다. 이와 관련하여『속수
증보강도지』에는 중성의 문 이름 8개가 기록되어 있지만 그대로 믿기는
어렵다.[66] 또, 일제강점기 지적원도상의 도로를 기준으로 강도 도성의
문지 17개를 비정하기도 했지만[67] 여기서 도성의 성문 수를 17개로
파악한 것은 이 토성을 중성으로 보고『고려사』에 전하는 중성 성문의
숫자를 의식한 결과로 여겨진다.

한편 강도의 외성과 궁성의 규모는 개경의 나성과 궁성보다 작다.
외성의 둘레는 성벽이 확인되지 않은 해안 구간을 성곽의 범위에

65)『高麗史』권82, 志36 兵2 城堡.

66) 정동문은 宣仁門, 동남문 長覇門, 정남문 泰安門, 서남 光德門, 정서 宣祺門, 서북
宣義門, 정북 北昌門, 북동 彰熙門 등 8개의 문을 기록하고 있다(『續修增補江都誌』
古蹟). 그러나 각 성문 이름은『高麗史』지리지와『高麗圖經』에 나오는 개경 나성의
문 이름을 혼용해서 붙이고 있어 검토가 필요하다.

67) 한울문화재연구원, 2010a, 앞의 책.

포함하면 약 16~17km로 개경 나성의 80% 정도다. 강도 궁성의 둘레는 개경 궁성의 1/2~2/3가량으로 추정된다. 강도가 섬이라는 제한된 공간에 그리고 전시에 급속하게 건설된 도읍이라는 점을 고려할 때, 강도의 도성과 궁성이 개경에 비해 규모가 작은 것은 자연스러운 현상이라 할 수 있다.[68]

개경의 성곽체제(한국역사연구회)

그런데 중성은 개경의 황성 보다 규모가 오히려 커 대비된다. 그러나 이는 개경과 강도의 성곽 축조 과정의 차이에서 비롯된 것으로 생각된다.

강도는 궁성과 외성이 먼저 건설된 이후 중성이 축조되었지만 개경은 919년 고려의 도읍이 된 이후 한동안 궁성과 황성만 존재하다가 100여 년 뒤에 나성이 쌓아졌다.[69] 나성은 고려 성종~현종 년간에 거란의 침략으로 개경이 점령당한 이후 도성의 방어를 위해 1020년(현종 11)부터 본격적으로 축조되기 시작해 1029년(현종 21)에 완성되었다.[70] 황성

---

68) 서경은 외성의 둘레가 약 16km이며 면적은 11.85만㎡다(김창현, 2001,「고려 서경의 성곽과 궁궐」,『역사와 현실』41, 184쪽). 강도의 도성 둘레와 면적은 도성의 해안구간을 외성의 둘레에 포함했을 경우 개경보다는 작지만 서경과 비슷하다.

69) 박용운, 앞의 책, 15~27쪽.

70)『高麗史』권56, 志10 地理1 王京開城府條. 개경에 도읍을 정한 직후 나성을 쌓지 않은 이유로 후삼국 통일전쟁기간 동안의 대규모 토목공사 부담과 개경이 후고구려의 수도로서 어느 정도 기반시설이 만들어져 있었을 것이라는 점, 그리고 집권세력의 서경에 대한 미련을 버리지 못한 점 등을 들고 있다(신안식, 2000a,

은 개경이 도읍으로 정해지기 전 송악산에 건설되어 있던 敎禦塹城을 활용하였다.[71] 이에 비해 강도의 중성은 궁성과 외성이 축조된 이후 강도의 지형에 맞게 새롭게 쌓은 것이다. 즉 중성의 규모가 황성보다 큰 것은 성곽이 축조되었던 지리적 공간과 역사적 환경의 차이에서 비롯된 것이다.

이처럼 개경과 강도의 성곽체제는 매우 비슷하다. 이는 개경과 강도의 지형조건이 유사하기 때문이기도 하지만 기본적으로 강도의 성곽체제를 구축하는 데 개경에서의 경험이 반영되었기 때문이라고 할 수 있다.

3. 강도의 공간구조

성곽은 지형 조건과 함께 도시의 범위와 공간구조를 규정하거나 혹은 반영하는 시설물이다. 따라서 강도의 성곽체제에 개경의 경험이 반영되었다면 공간구조 또한 개경의 그것이 투영되었을 가능성이 높다. 그런데 그동안 강도의 도성을 『고려사』의 중성으로 인식하면서 강도 연구에서 도성의 의미는 크게 부각되지 않았다. 도성은 도읍의 범위를 규정하고 행정구역을 설정하는 기준이 되기 때문에 도성이

「고려시대 개경의 나성」, 『명지사론』 11·12, 185~186쪽).

71) 신안식, 2000b, 앞의 글, 20~21쪽.
전룡철의 실측에 의하면 발어참성은 둘레가 약 8.2km며 송악산의 능선부와 남사면 일대를 범위로 한다(전룡철, 1980a, 앞의 글, 19~20쪽). 성의 평면 형태는 장방형이며 성의 하단부에 동서 방향으로 성벽을 설치해 그 이남을 황성으로 활용하였다고 본다. 황성의 중앙에는 궁성이 위치한다. 그런데 황성의 범위에 대해서는 전룡철은 처음부터 발어참성의 하단부만 황성이었다고 보고 있는데 비해, 신안식은 초기에는 발어참성 전체를 황성으로 활용하다가 나성이 축조되면서 발어참성의 하단부만 황성으로 이용했다고 파악한다.

먼저 축조된 경우와 그렇지 않은 경우는 도시의 구조가 다를 수밖에 없다. 또, 앞에서 보았듯이 개경과 강도의 지형이 비슷하면서도 다른 점도 많다. 따라서 강도가 개경을 모방해서 건설되었다고는 하지만 도읍의 건설 과정과 공간구조는 개경과 차이가 있었을 것이다. 이러한 맥락에서 개경과의 비교와 함께 지형적 특성을 바탕으로 강도의 공간구조를 살펴보도록 하겠다.

1) 개경의 도시구조와 강도

개경은 강도와 마찬가지로 고고학적 조사를 통해 도시 시설이 확인된 예는 거의 없지만 『고려사』와 『고려도경』 등에 전하는 관청과 사찰 등 주요 도시 시설에 관한 기록으로 대략적인 양상이 파악되고 있다. 개경은 황성을 기준으로 크게 2개의 공간으로 구분된다. 황성 안쪽은 국왕의 활동 공간으로 궁궐과 상서성 등 고려 정부의 가장 핵심적인 부서들이 있었고, 바깥으로 각종 관청과 민가, 시장이 자리했다. 궁성 안에는 국빈에 대한 예우를 담당하는 예빈성과 왕명을 문서로 작성하는 한림원이 있었고,[72] 상서성, 중서성, 문하성, 추밀원, 어사대 등은 궁성의 동쪽과 황성 동벽 사이에 자리하고 있었다.[73]

황성 바깥에는 정문인 광화문에서 동쪽으로 자남산 일대까지 각종 관청들이 밀집하면서 도읍의 중심을 이루었다. 광화문에서 동쪽으로 이어지는 큰 거리를 따라 길 북쪽에는 상서호부, 공부, 고공, 대약국,

---

72) 장지연, 2010, 「정치와 행정의 중심지, 궁궐과 관청」, 『고려시대 황도 개경』, 창작과 비평사, 62쪽.

73) 박용운, 앞의 책, 32~35쪽. 이 밖에 八關司(팔관회 주관)와 尙乘局(궁중의 마필 및 가마관리), 軍器監, 大盈倉(궁실 재정담당), 右倉(궁실 미곡담당) 등도 황성 안에 있었던 것으로 파악되고 있다.

양온국 등이 있고 남쪽으로 병부, 형부, 이부가 자리했다.[74] 관청들이 밀집한 官途는 남동쪽으로 이어져 南大街와 만났다. 남대가는 나성 남문인 회빈문까지 나성을 남북으로 관통하는 도로다. 이 도로는 자남산 부근에서 나성의 서문인 선의문과 동문인 숭인문을 동서로 연결하는 도로와 만나 개경을 크게 4분하는 十字街를 이루었다. 황성과 그 동남쪽의 관도 그리고 십자가 일대가 개경의 핵심 공간이다.[75] 이곳은 나성 전체를 기준으로 볼 때 서북쪽에 해당한다.

한편 개경에는 불교가 성행했던 역사적 사실을 반영하듯 많은 사찰이 있었다.[76] 궁궐과 황성 내에도 사찰이 있었는데 궁성에는 내제석원이 있었고 황성 안에는 법왕사가 자리하였다.[77] 황성에 인접해서 국가행사를 주관하는 중요 사찰이 자리했는데 동쪽에는 왕륜사, 남쪽으로는 태조의 진전사원인 봉은사가 있었다. 이외에 나성 안팎으로 수많은 사원들이 도읍 초기부터 지속적으로 조영되었다.[78] 민가들은 도성 내에 산재해 있는데 신분에 따른 거주 구역의 구분 없이 지세에 따라 섞여 있다.[79] 『고려도경』에는 관청과 별궁, 사찰이 지형에 따라 도성 내에 흩어져 있고 민가는 10여 家 단위로 취락을 형성하고 있다고 전한다.[80]

---

74) 박용운, 앞의 책, 36쪽 ; 장지연, 앞의 글, 61쪽.
75) 정요근, 2010, 「모든 길은 개경으로」, 『고려시대 황도 개경』, 창작과 비평사, 143~144쪽.
76) 조선 중기의 기록에 의하면 당시 개경에는 300여 개의 사찰이 있었고 현재 사찰의 이름이 확인되는 것만도 100여 개가 넘는다고 한다(박종진, 2000, 「고려시기 개경의 절의 위치와 기능」, 『역사와 현실』 38, 67쪽).
77) 박종진, 2000, 위의 글, 78쪽.
78) 고려시대 사원은 단순한 종교시설이 아니라 왕실의 임시 거주 공간과 정치적 회합의 장소 등 정치적 목적으로도 활용되었다(박종진, 2000, 위의 글, 77쪽).
79) 서성호, 2000, 「고려시기 개경의 시장과 주거」, 『역사와 현실』 38, 104~118쪽 참조.

이러한 개경의 도시구조
가 강도에 얼마나 반영되었
는지 알 수 없다. 강도 도성
내·외에서 주요 시설로 비
정할 만한 유적이 아직 확
인된 바 없고, 주요 관청 등
의 위치를 짐작할 만한 자
료도 거의 없기 때문이다.
다만 강도에서 발생한 화재
기록과 일부 시설에 대한
단편적인 기사를 통해 도시
구조의 일부를 추정해 볼
수 있다.

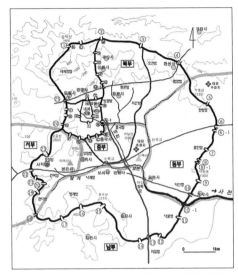

개경 시가도(한국역사연구회)

　1245년(고종 32) 견자산 북리의 화재로 연경궁, 법왕사, 어장고와
대상부, 수양도감이 연소되었었다는 기록이 주목된다.[81] 여기서 법왕
사는 팔관회를 주관하는 중요 사찰로 개경에서는 궁궐 동쪽에 있었다.
어장고, 대상부, 수양도감은 개경에서는 그 존재가 확인되지는 않지만
관청인 것은 틀림없다. 견자산 북쪽은 궁궐의 동쪽에 해당하기 때문에
공간 배치의 측면에서만 보면 개경 황성 동쪽에 관청과 법왕사가
위치하는 것과 비슷하다. 아울러 견자산 부근에 당시 집권자인 최우의
사저인 진양부가 위치했는데[82] 개경에서 최우의 저택이 황성 동남쪽

---

80) 『宣和奉使高麗圖經』 권3, 國城. 개경 민가의 모습을 "벌집이나 개미구멍 같으며
　　띠를 베어 지붕을 엮어 겨우 비바람을 피할 정도이며 기와집을 세운 경우도
　　있지만 열에 한둘 정도에 지나지 않는다."고 묘사하고 있다.

81) 『高麗史』 권53, 志7 五行 火.

82) 『高麗史』 권129, 列傳42 叛逆3 崔忠獻.

십자로 주변에 있었던 점을 고려하면 견자산 일대가 개경의 관도, 십자가와 같은 도성의 중심지였던 것으로 보인다.

하지만 이미 밝혔듯이 현재 강도의 주요 도시 시설의 위치를 구체적으로 알 수 없다. 따라서 단순히 개경과의 비교를 통해서는 강도의 공간구조를 파악하기는 어렵다. 게다가 지형조건이 유사하다고는 하지만 도성의 면적 자체가 개경에 비해 협소할 뿐만 아니라 도성 안쪽에는 간척지가 자리하고 있었기 때문에 전반적인 도시 구조는 차이가 있었을 것이다.

2) 강도 공간구조의 특징

강도의 면적을 도상에서 추정해 보면 약 15㎢ 정도다.83) 이는 개경 나성의 면적 24.7㎢의84) 약 60% 정도다. 하지만 강도의 전체 면적 가운데 간척지가 상당 부분을 차지하고 있어 실질적인 공간은 이보다 작다고 보는 것이 적절할 것이다.85) 견자산에서 갑곶까지 길게 이어지는 능선의 북쪽과 남쪽의 갯골을 따라 도성의 한 가운데까지 바닷물이 깊숙이 들어왔다. 이 갯골은 천도 이후 제방을 쌓으면서 강도시기에는 매립되었을 것으로 보인다. 그런데 제방을 쌓아 만든 간척지는 사람이 거주하는 공간 보다는 전답, 특히 논으로 활용되었을 것이다.86) 이러한 모습은 오늘날에도 확인된다. 강화도 전체 면적 411.27㎢ 가운데 30%에 해당하

---

83) 이것은 위성지도에서 면적을 산출한 것이기 때문에 오차가 있을 수 있으나 개경과의 비교 자료로서 활용이 가능할 것으로 생각한다.

84) 전룡철, 1980a, 앞의 글, 19쪽.

85) 도성 내 간척지의 현재 해발고도는 약 4~7m로 강화지역의 조차가 7~8m에 달하는 것을 고려하면 제방 축조 이전에는 바닷물이 들어왔을 것이다.

86) 이평래, 앞의 글, 174~175쪽.

는 126.094km²가 논으로 이용되는데[87] 이곳은 대부분 간척지에 해당한다. 간척지 주변에는 강화도 전체 마을의 약 2/3가 자리한다.[88]

따라서 강도의 면적이 개경의 60%에 달하지만 도성 내에서 사람들이 거주할 수 있는 공간은 이보다 작았을 것이다. 천도 당시 개경의 인구는 10만 호로 전하고 있는데[89] 이를 10만 명 혹은 50만 명으로 본다.[90] 하지만 조선시대 한양의 인구가 세종 년간에 10만, 숙종~고종 년간에는 20만 전후인 점[91] 그리고 개경 전체 주민이 이주하지는 않았던 것을 감안하면[92] 강도의 인구를 50만으로 보기는 어렵지 않을까 한다. 어쨌든 천도 당시 강도에는 많은 인구가 유입되었고,[93] 천도 이후에도 서경, 광주와 남경의 주민이 차례로 섬으로 들어오면서[94] 강도에는 사람들이 점차 늘어났다. 따라서 도성의 인구 밀도는 높았고 민가나 여타의 도시 시설도 개경보다 밀집해 분포했을 것이다.

지형 조건으로 볼 때 강도 도성 내에서 농경지로 활용되었을 간척지를 제외하면 대략 5개 구역을 중심으로 각종 도시 시설이 밀집 분포했을

---

87) 강화군청, 앞의 책, 15쪽.

88) 현재 강화 취락의 2/3가 간척지를 배경으로 발달했으며 각 취락은 해발 10m내의 등고선을 따라 즉 간척지 주변을 따라 분포하고 있다(최영준, 1997, 앞의 글, 224쪽).

89) 『高麗史節要』 권16, 高宗 19년 6월.

90) 10만 호를 10만 명으로 보기도 하며(이병도, 1961, 『한국사』, 을유문화사) 10만 호를 10만 가구로 이해하고 한 가구당 평균 5명으로 계산해 50만 명으로 보기도 한다(박용운, 앞의 책, 156~167쪽).

91) 이존희, 2001, 『조선시대의 한양과 경기』, 혜안, 110쪽.

92) 기존에는 천도 이후 개경은 완전히 폐허가 된 것으로 이해되었으나 강도시기에도 개경 궁궐의 전각과 이궁의 이름이 확인되고 있는 것으로 볼 때 어느 정도 본래의 모습을 유지하고 있던 것으로 판단되고 있다(장지연, 2006, 「고려후기 개경 궁궐건설 및 운영방식」, 『역사와 현실』 60, 212~213쪽). 따라서 개경에도 적지 않은 주민이 남아있었을 것으로 보인다.

93) 윤용혁, 1991, 앞의 책, 174쪽.

94) 『高麗史』 권23, 世家23 高宗 20년 12월 ; 22년 7월.

오늘날 강화읍 관청리와 남산리

것으로 보인다.[95] 이 가운데 동락천 유역은 강도에서 가장 많은 인구가 모여 있는 곳이었을 것이다. 이 일대는 지금도 강화의 중심지역으로 오늘날 강화읍 관청리와 남산리에 해당한다. 다음으로 견자산 일대와 이곳에서 도성 북쪽의 월곶리까지의 낮고 완만한 구릉지대 그리고 견자산 동쪽에서 갑곶까지 길게 이어지는 구릉성 평지 지역도 많은 사람들이 거주하는 공간이었을 것이다. 이 밖에 현재 강화터미널에서 찬우물(냉정리)로 이어지는 남산의 남사면 일대와 도성 남쪽의 오늘날 선원면 창리 일대도 강도의 주요 인구 밀집 지역 가운데 하나였을 것으로 추정된다.

---

95) 도시 시설이 밀집해 있었을 것으로 판단되는 5개 구역(산지 제외)의 해발고도는 대략 10~20m로 제방이 축조되기 이전에도 사람들의 거주가 가능했던 곳임을 알 수 있다. 이 가운데 해발 고도가 가장 높은 곳은 현재 강화읍 중심가 즉 다음 지도의 1번 구역으로 약 20~30m다. 2, 3, 4번 구역은 15~20m, 5번 구역이 약 10~17m로 가장 지대가 낮다(1 : 25,000지형도 및 Google earth 해발고도 참조).

<표 12> 강도의 화재발생 기사96)

시 기	장 소	화재 내용
1234년(고종21) 1월	闕南里	수천 호에 불이 남
1234년(고종21) 3월	闕南里	수천여 호에 불이 남
1234년(고종21) 7월	沿江 南里	100여 호에 불이 남
1234년(고종21) 9월	都內	大府寺, 禮部, 弓箭庫에서 화재
1236년(고종23) 3월	市街 南里	마을 수백 호에 불이 남
1245년(고종32) 3월	견자산 北里	민가 800여 호 화재 연경궁, 법왕사, 어장고, 태상부, 수양도감이 연소
1248년(고종35) 12월	街衢北	40여 호가 화재를 당하였다.
1249년(고종36) 2월	江都	100여 호에 불이 났다.
1250년(고종37) 5월	良溫洞	민가 100여 호에 불이 났다.
1251년(고종38) 3월	樓橋北里	200여 호에 불이 났다.
1253년(고종40) 4월	長峯里	40여 호에 불이 났다.
1253년(고종40) 2월	都內	太醫監 약 창고에서 화재가 났다
1253년(고종40) 11월	栗浦里	100여 호가 화재를 당하였다.
1255년(고종42) 12월	都內	弓弩都監 병기 창고에서 화재가 났다.
1256년(고종43) 9월	墻竿洞	30여 호에 불이 났다.
1257년(고종44) 9월	都內	30여 호에 불이 났다.

이러한 강도의 공간구조는 『고려사』의 화재 기록을 통해서도 확인할 수 있다. 〈표 12〉에서 보듯이, 강도는 천도 초기부터 수천 채의 집에 화재가 날 정도로 매우 과밀했다.97) 화재 발생 지역 가운데 都內와 같이 위치가 불분명한 것도 있지만98) 闕南里와 견자산 북리, 市街 南里,

---

96) 이 표는 윤용혁의 글(윤용혁, 1991, 앞의 책, 175쪽)의 표를 바탕으로 『高麗史』의 기사를 참고로 재정리한 것이다.

97) 강도시기의 화재 기록은 다른 시기에 비해 대단히 많은 것으로 천도 이후 한꺼번에 많은 인구가 유입되면서 무질서하게 주택이 밀집되었던 것을 보여준다(김형우, 2003, 「강도시대의 주민생활과 사회상」, 『신편 강화사』, 230쪽).

98) 이 밖에 양온동, 누교북리, 율포리 등은 구체적인 위치를 확인할 수 없다.

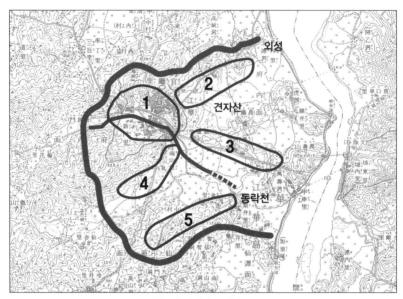
강도의 지형과 공간구조

長峯里 등은 대략적인 위치를 추정할 수 있다. 이 가운데 궐남리는 궁궐의 남쪽, 강화읍 남산리 일대를 의미하는 것으로 보이며 견자산 북리는 견자산 북쪽 일대를 가리키는 것으로 생각된다. 市街 南里는 궐남리와 같이 동락천 남쪽 일대에 가리키는 것으로 추측된다. 장봉리는 조선시대 고지도에 강화읍 동북쪽 일대가 '長峯'으로 표기되고 있는 것으로 보아 견자산~월곶리 일대를 말하는 것으로 보인다. 이 가운데 궐남리와 견자산 북리는 각각 수천 채와 수백 채가 피해를 입었을 정도로 피해 규모가 가장 크다. 이는 이 일대에 민가의 밀집도가 가장 높았음을 보여주는 것으로 도성 내에서 오늘날 관청리와 남산리, 견자산 일대가 가장 번화하고 많은 인구가 밀집했던 지역이었음을 알 수 있다.99) 견자산 일대는 궐남리에 비해 민가의 수는 적었지만, 법왕사

99) 이규보는 그의 시에서 "신경에 집 짓기가 더욱 많아져 누에 천 마리가 다투어

와 같은 사찰과 관청이 몰려 있는 행정의 중심 지역이었던 것 같다.[100]

이처럼 도성 내에서 이용할 수 있는 토지 자체가 부족했기 때문에 도성 안쪽의 산지는 물론 도성 바깥까지도 각종 시설이 들어섰을 것이다. 도성 동북쪽의 옥림리에서는 성벽 안쪽에서 관청 시설로 추정되는 건물지가 조사되었고, 도성 바깥으로도 성벽에 인접해 또 다른 관청 건물지가 발견되었다.[101] 이 중 성 바깥쪽 건물지의 담장이 성벽과 나란히 이어지고 있는 것으로 보아 도성이 축조된 이후 건물이 세워졌음을 알 수 있다. 이 밖에도 도성 바깥인 강화읍 대산리에도 中庭을 갖춘 강도시기 건물지가 발견되어[102] 도성 안팎으로 각종 도시 시설이 빼곡하게 자리했던 것으로 보인다.

한편 강도 도성의 인구 밀집지역은 도성 안팎을 연결하는 주요 교통로가 지나가는 곳이기도 했다. 현재 도성에서 뚜렷하게 문지로 확인된 곳은 없지만 조선시대의 교통로를 통해 강도의 주요 도로 노선을 추측해 볼 수 있다. 강도는 분지에 자리했기 때문에 외부와 연결되는 통로는 시대가 변해도 크게 바뀌지 않는다. 조선시대 강화부에서 섬의 다른 지역을 왕래하던 옛 길이 지금도 대부분 이용되고 있는 것도 이러한 이유에서다.

1872년 간행된 강화부전도에 나타난 도로망을 참고하면 강도의 중심지인 관청리를 기준으로 동북쪽과 서북쪽, 서쪽, 남쪽, 동쪽 방향으로 6개의 노선이 확인된다. 이 가운데 갑곶에서 견자산을 거쳐 승천포

고치를 짓는 것 같네, 멀고 가까이 일천 채의 푸른 기와집이 들쭉날쭉 이어지고 아침저녁으로 만개의 부엌에 푸른 연기가 피어나네"라고 해 가옥들이 빼빽하게 건설된 강도의 모습을 묘사했다(『東國李相國集』권1, 萬河陰客舍 ; 권7, 次韻李侍郞).

100) 김창현, 2003, 앞의 글, 218~221쪽.
101) 중원문화재연구원, 2012, 앞의 책.
102) 중원문화재연구원, 2011, 『강화 대산리유적』.

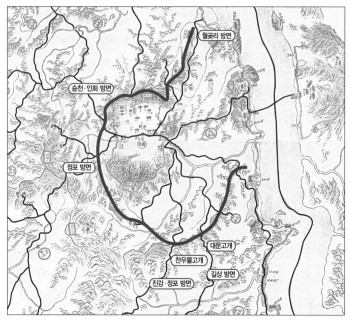

강화부전도에 나타난 강화부의 도로망(서울대 규장각)

방향으로 이어지는 동서방향의 도로가 강도의 가장 중요한 간선도로였을 것이다. 주지하듯이 갑곶과 승천포는 고려시대 강화와 내륙을 연결하는 곳이었기 때문이다. 이 간선로에서 여러 지선들이 갈라져 나온다. 도성의 서쪽에서는 고려산 기슭을 따라 정포(현재 외포리)로 통하는 도로가 이어진다. 견자산 서쪽에서는 월곶리 방면으로는 이어지는 길이 간선도로에서 갈라져 섬 동북쪽으로 연결되며, 견자산 남쪽에서는 섬 남쪽을 연결하는 길과 만난다. 남쪽 방면으로 향하는 길은 강화산성 남문을 거친 후 두 갈래로 갈라지는데, 하나는 찬우물고개를 통해 정포와 진강방면으로, 다른 하나는 대문고개를 넘어 길상방면으로 연결된다. 이 밖에 도성에서 북산을 넘어 섬 북쪽을 오가는 길도 있으나 강도시기에는 도성 북쪽 지역은 바닷물이 깊숙하게 들어왔던 곳일

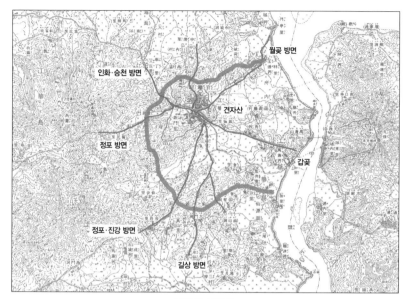

강도의 도로망

가능성이 높아 당시에는 중요한 도로의 역할을 했다고 보기는 어렵다.

이처럼 강도의 도로망은 견자산 부근에서 갑곶~승천포를 연결하는 간선도로가 섬의 남북을 잇는 도로가 만나 도성을 십자 형태로 관통하는 모습을 띤다. 앞에서 본 것처럼 이러한 강도의 모습은 개경의 자남산 일대에 형성된 십자가를 중심으로 번화가가 형성되어 있는 것과 상당히 비슷하다.

강도의 주요 교통로를 이렇게 보면 도성에는 6~7개의 문이 있었던 것으로 추정해 볼 수 있다. 그러나 도성 동남쪽의 신정리와 동북쪽의 대산리, 서남쪽의 선행리 등에도 성 안팎을 연결하는 길이 있기 때문에 도성에는 10여 개 정도의 크고 작은 문이 있었을 것으로 보인다.

3) 사원과 능묘로 본 강도

궁궐, 성곽 이외에 도성을 구성하는 주요 요소로는 관청과 태묘, 사원, 왕릉 등이 있다. 그러나 강도에는 왕릉을 제외하고 기본적인 위치를 확인할 수 있는 예가 거의 없다는 것은 이미 살펴본 바와 같다. 다만 사원은 최근 지표조사를 통해 분포 양상이 대략적이나마 파악되었고,103) 강화도 전역에 분포하는 분묘군의 현황도 조사된 바 있다. 아직 밝혀진 부분이 많지 않아 자세한 내용을 파악하기에는 한계가 있지만 사원과 능묘는 도성의 구조를 이해하는데 중요한 자료다. 따라서 여기에서는 지금까지 조사된 강화도의 사원과 능묘의 분포 현황을 통해 강도 공간구조의 특징을 살펴보도록 하겠다.

(1) 사원의 분포와 강도의 공간구조

지금까지 문헌기록으로 확인할 수 있는 강화도의 사원은 약 70개소에 이른다.104) 지금까지 현존하거나 지표상에 절터의 흔적이 확인되는 곳이 46개소이며 이 가운데 출토 유물이나 기록상 고려시대에 운영되었던 것으로 볼 수 있는 곳이 약 24개소다.105) 이 중 강도시기에 건설되거나

---

103) 고려시대에 불교는 고려사회의 정치, 경제, 사회, 문화에 지대한 영향을 미쳤다. 이러한 불교의 영향력은 사원을 중심으로 발휘되었다(김형우, 2005, 「고려시대 강화 사원 연구」, 『국사관논총』 106, 3쪽). 개경의 사원은 단순한 예불장소가 아니라 불교행사 이외에 연등회와 팔관회, 왕실 의식 등의 국가행사가 진행되었고, 군대 주둔지나 행궁 등으로도 이용되었다(박종진, 2000, 앞의 글, 68쪽). 따라서 고려시대 도시 구조에서 사찰은 매우 중요한 의미를 지니고 있다.

104) 『新增東國輿地勝覽』 등 조선시대 지리지와 『문화유적 총람』, 『畿內寺院誌』, 『佛敎寺院誌』에 수록된 강화도의 절터 숫자를 망라하면 이와 같다.

105) 강화도에서 확인된 절터 가운데 조선시대 유물만 출토되거나 조선시대에 창건 기록이 분명한 경우는 수월사지, 용당사, 진해사, 천제암 등 손에 꼽을 정도며

186

번호	명칭	위치	한국의 사지 (2010)	강화의 절터 (2009)	불교 사원지 (1997)	畿內 사원지 (1987)	문화유적 총람 (1977)	속수증보 강도지 (1932)	강화 부지 (1783)	여지 도서 (1755)	강도지 (1696)	신증동국 여지승람 (1530)
1	병풍암사지	도성내	O	O	O	O	O					
2	천등사지	도성내	O		O	O	O	O				
3	왕림사지	도성내	O	O	O	O	O	O	O	O		
4	선행리사지1	남산	O									
5	선행리사지2	남산	O									
6	송악사지	북산	O	O	O	O	O					
7	용장사지	고려산	O	O	O	O	O	O		O	O	
8	선원사지	선원면	O	O	O	O	O	O		O	O	
9	월명사지	송해면	O		O	O	O	O	O	O	O	O
10	정미사지	혈구산	O									
11	혈구사지	혈구산	O	O	O	O	O			O		
12	봉은사지	하음산	O	O	O		O					
13	원층사지	별립산	O	O			O					
14	적석사	고려산	O	O		O	O	O	O	O	O	O
15	구주사지	국사봉	O		O	O	O					
16	임해사지	혈구산	O				O					
17	덕장사지	진강산	O				O			O	O	
18	홍천사지	진강산	O	O	O	O	O					
19	묘지사지	마니산	O	O	O	O	O					
20	왕륜사지	마니산	O	O	O	O	O					
21	홍왕사지	마니산	O	O	O	O	O		O			
22	천제암지	마니산	O	O	O	O	O					
23	정수사	마니산	O	O		O	O	O	O	O	O	O
24	전등사	정족산	O	O		O	O	O	O	O	O	O

운영되었던 사찰의 수가 구체적으로 얼마나 되는지 지금으로서는

읍지를 통해 조선시대 강화에서 운영된 것으로 파악되는 사찰은 10여 개소에 불과하다. 따라서 지금으로서는 조성과 운영시기는 알 수기는 어렵지만 고려시대 유물이 출토되는 절터는 강도시기에 운영되었다가 개경으로 환도 이후 급격히 쇠락한 사원의 흔적일 가능성이 높다고 생각된다.

106) 이 표는 조선시대 읍지와 70년대 이후 사찰에 대한 조사보고서를 토대로 최근 지표조사 결과(인천시립박물관, 2009, 앞의 책 ; 불교문화재연구소·문화재청, 2010, 앞의 책) 절터의 흔적이 남아 있고 유적에서 고려시대 유물이 출토된 사원을 정리한 것이다.

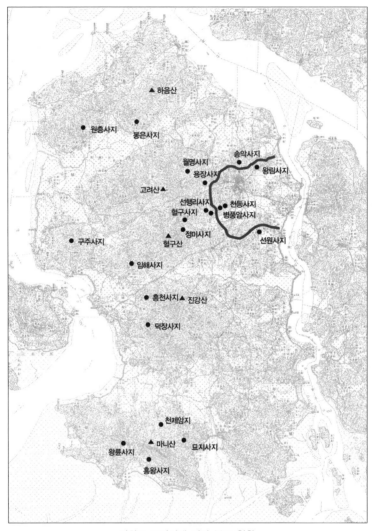

강화도 고려시대 절터 분포 현황

알 수 없다. 다만 인구가 대량으로 섬으로 유입되고 개경에서 많은
사찰이 이전된 것을 고려하면 발견된 절터 가운데 적지 않은 수가
강도시기에 운영되었을 가능성이 있다고 여겨진다.

어쨌든 절터의 분포 현황을 살펴보면 도성 성벽의 안팎으로 약 0.5~1.5km 범위 내에 12곳의 절터가 위치해 지금까지 확인된 절터의 절반이 도성 일대에 자리하고 있다. 다음으로 마니산 일대에 5개소가 위치해 도성 다음으로 절터의 밀집도가 높다. 한편 도성 일대에 분포하는 절터는 도성 내 중심지보다는 외곽에 자리하거나 도성 바깥에 입지하는 모습이 확인된다.

도성 일대에 분포하는 절터 12개소 가운데 9곳은 도성의 바깥에 있고, 도성 안쪽에 있는 절터는 왕림사지와 병풍암사지, 천등사지 등 3곳에 불과하다. 이는 나성 안쪽 곳곳에 주요 사찰이 입지하고 있는 개경과는 사뭇 다른 모습이다.[107) 이러한 양상은 강도의 중심 지역에서 유적이 확인되지 않았기 때문일 것이다. 하지만 문헌상 강도 시기에 존재했던 것으로 확인되는 사원 중에서도 도성의 중심지역에 있었던 것으로 볼 수 있는 경우가 많지 않은 점을 볼 때 실제로 강도의 도성 내 사원의 수는 그리 많지 않았을 수 있다.

천도 이후 강도에는 개경에 있던 사원들이 이전·건립되었는데,『고려 사』에 건립 또는 임금의 行香 및 행차기록으로 강도에 존재했던 것이 확인되는 사원은 15개다.[108) 이들의 위치는 대부분 분명치 않은데, 이 가운데 법왕사와 봉은사는 도성의 중심부에 조영되었던 것으로 보인다. 앞에서 보았듯이 법왕사는 견자산 주변에 있었고, 봉은사는 구체적인 위치는 밝혀지지 않았지만 참지정사 車倜의 집을 개조해서

---

107) 박종진, 1999,「고려시대 개경사 연구동향」,『역사와 현실』34, 259~260쪽 ; 신안식, 2010,「고려시대 개경 도성의 범위와 이용」,『한국중세사연구』제28호, 267쪽. 다만 개경의 경우도 나성이 건설된 이후에는 성 바깥지역으로 사원의 입지가 점차 확대되고 있다.

108) 김형우, 2005, 앞의 글, 4쪽. 개경에 있었던 사찰 가운데『고려사』를 통해 강도에 이전된 것으로 확인된 사찰은 奉恩寺, 法王寺, 賢聖寺, 妙通寺, 王輪寺, 乾聖寺, 福靈寺, 外帝釋院, 普濟寺, 興國寺, 天壽寺, 安和寺, 彌勒寺, 妙智寺, 穴口寺 등이 있다.

傳 봉은사터

만들면서 백성들의 집을 헐고 통행로를 넓혔다는 것으로 보아[109] 도성
의 중심지에 있었음을 짐작할 수 있다.[110] 이 밖에 건성사와 복령사는
1249년(고종 36) 고종이 두 절을 다녀온 당일에 궁궐에서 소재도량을
베풀고 있어 궁궐과 멀지 않은 곳에 있었음을 알 수 있다. 그러나
묘통사, 보제사, 왕륜사, 혈구사, 묘지사, 미륵사 등은 국왕의 행차
일정으로 볼 때 도성에서 거리가 비교적 떨어져 있었던 것으로 보인
다.[111] 이처럼 문헌에서 확인되는 사원의 위치와 지금까지 조사된
절터의 분포 양상을 종합해 보면 도성 내에 입지했던 것으로 파악되는

---

109) 『高麗史』 권23, 世家 23 高宗 21년 2월. 참지정사는 고려시대 중서문하성의 종2품
　　 관직에 해당한다.
110) 봉은사의 위치는 『續修增補江都誌』에서 강도의 서쪽에 있는 하음산 일대로 비정되
　　 었고, 현재 보물 10호인 하점면 오층석탑이 있는 사찰터가 봉은사로 알려져
　　 있다. 그러나 문헌기록으로 볼 때 봉은사는 하점면 일대가 아니라 도성 안쪽에
　　 위치했다고 보는 것이 맞다.
111) 김형우, 2005, 앞의 글, 19~21쪽 참조.

傳 왕륜사터

사원의 수는 대략 10여 개소에 불과하다.

　이처럼 개경과 달리 강도 도성 안쪽에 사원의 밀집도가 높지 않은 것은 사찰의 조영 과정과 강도의 공간적 특성에서 기인하는 것으로 보인다. 개경은 定都 초기부터 황성 주변에 사원이 들어서기 시작했으며 이 일대에 공간이 부족해지면서 점차 개경 외곽으로 자리를 옮겨 건립되었다. 많은 사원이 황성과 주변을 연결하는 교통의 요지에 자리하였고, 개경은 이러한 사원들을 바탕으로 범위가 점차 확대되었다. 개경 나성 축조 이전 교통과 방어의 요지에 축조된 사원들은 개경의 경계 역할을 하였으며 그 범위에서 나성이 축조되었던 것으로 알려져 있다.[112]

---

112) 박종진, 2000, 앞의 글, 80~83쪽 참조.

傳 흥왕사터 기단

傳 흥왕사터 탑부재

이에 비해 강도는 천도 이후 여러 사원이 개경에서 이전·건립되었지만 급속한 도시화가 이루어지면서 사원의 입지는 상대적으로 제한될 수밖에 없었을 것으로 보인다. 강도에는 단기간에 많은 인구가 유입되었는데, 앞에서 보았듯이 도성의 동쪽 구역의 상당부분이 간척지였기 때문에 도시 시설이 들어설 공간이 충분치 않았다. 따라서 도성의 중심지에 많은 사원을 조성하기는 어려웠을 것이다. 태조의 진전사원인 봉은사도 관리의 집을 개조해 만들었던 점은 당시 강도의 상황을 보여주는 예라 하겠다. 그래서 강도의 사원은 주로 도성 바깥쪽에 자리 잡았고 도성 안에 있더라도 번화가 보다는 상대적으로 밀집도가 낮은 산 사면에 위치했던 것이 아닌가 한다.

(2) 능묘의 분포와 강도의 범위

강화에는 홍릉을 비롯한 4기의 왕릉과 陵號는 알 수 없지만 왕릉급이 분명한 능내리 석실분과 인산리 석실분 등의 석실분이 있다. 이밖에 이규보, 김취려, 허유전의 무덤을 포함해[113] 섬 전역에 고려시대 분묘(군) 10개소 이상이 분포한다.[114]

강도의 왕릉은 홍릉을 제외하고 모두 발굴조사 되었다. 조사결과 강도 왕릉의 석실과 능역의 구조는 개경의 왕릉과 뚜렷한 차이는 없다.[115] 석실은 모두 횡구식이며 판석 3매를 이용해 평천정을 이룬다.

---

113) 이규보와 김취려는 강도시기에 사망한 고려의 고위 관료다. 이규보의 무덤은 『新增東國輿地勝覽』 陵墓條에 김취려 무덤은 그의 묘지명에 그 위치가 전하고 있으며 현재 후손들에 의해 관리되고 있다. 한편 허유전은 고려 원종~충선왕 연간의 문신으로 강도시기 이후의 무덤이다.

114) 인천시립박물관, 2003, 『강화의 고려고분』.

115) 개경 왕릉의 구조에 대해서는 아래를 참조. 김인철, 2002, 『고려무덤 발굴보고』, 백산자료원 ; 이상준, 2012, 「고려 왕릉의 구조 및 능주 검토」, 『문화재』 45호,

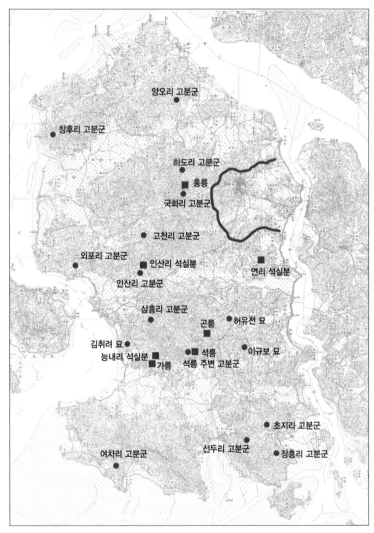

고려시대 강화의 능묘 분포도

벽체는 석릉과 곤릉은 할석으로 쌓았고 가릉과 능내리 석실분은 장대석

국립문화재연구소.
116) 이 표는 인천시립박물관의 보고서(2003, 앞의 책) 134쪽의 표를 기초로 최근까지

구분	유적명	묘제 유형	조사 방법	내용	비고
왕릉	碩陵	석실분	발굴	熙宗 능(1237)	국립문화재연구소 (2003)
	洪陵	석실분	지표	高宗 능(1259)	
	嘉陵	석실분	발굴	순경태후의 능(1244)	국립문화재연구소 (2007)
	坤陵	석실분	발굴	원덕태후의 능(1239)	
왕릉 (추정)	능내리 석실분	석실분	발굴	석실 및 정자각 발굴	
	인산리 석실분	석실분	지표	석실내부 확인	인천시립박물관 (2003)
	연리 석실분	석실분	지표	傳 고려 假王陵	
고위 관료 묘	許有全墓	판석조 석곽묘	발굴	판석조석곽묘 1기	한국선사문화연구소 (1988)
	李奎報墓	불명	지표		
	金就礪墓	불명	지표		
분묘 (군)	국화리고분군	석곽묘	지표	석곽묘 6기	인천시립박물관 (2003)
	양오리고분군	(판석조) 석곽묘	지표	석곽묘 9기	인천시립박물관 (2003)
	하도리고분군	석곽묘	지표	석곽묘 62기	
	창후리고분군	석곽묘, 토광묘	발굴	석곽묘 4기, 토광묘 5기	인천시립박물관 (2008)
	고천리고분군	석곽묘	지표	석곽묘 34기	인천시립박물관 (2003)
	외포리고분군	미상	지표	청자 및 고려시대 도기편채집	
	인산리고분군	석곽묘	지표	석곽묘 6기	
	석릉주변 고분군	(판석조) 석곽묘	지표	석곽묘 112기	인하대박물관 (2000)
	여차리고분군	(판석조) 석곽묘	지표	석곽묘 20기	인천시립박물관 (2003)
	초지리고분군	석곽묘	지표	석곽묘 3기	
	선두리고분군	석곽묘	지표	석곽묘 14기	
	장흥리고분군	(판석조) 석곽묘	지표	석곽묘 11기	
	강화 옥림리유적	토광묘	발굴	13C 전반 토광묘 1기	중원문화재연구원 (2012)

을 이용했다. 관대는 공통적으로 石柱를 이용해 테두리를 구성한 조립식

발굴된 자료를 참고해 수정·보완한 것이다.

관대다. 강도 왕릉의 석실구조는 개경 일대의 왕릉 가운데 명종 지릉, 신종 양릉, 안평공주 고릉 등 12세기 후반부터 확인되는 고려 왕릉과 같다.[117] 한편 석릉, 가릉, 능내리 석실분은 석실 동·서 양벽의 입구부분에 위 아래로 방형의 홈이 파져 있는데, 이는 지금까지의 자료로만 본다면 명종 지릉과 신종 양릉 그리고 강화 고려 왕릉에서만 확인된 구조다.[118] 왕릉의 능역은 석단을 이용해 3~4개의 단으로 구분하고

〈표 15〉 강도 왕릉의 구조와 규모

구분 / 유적명	석실							능역				석실 상부시설		
	석실 규모(cm)	석실 위치	벽체	관대 구조	바닥	부장대	벽화	묘역 규모(m) (가로×세로)	묘역 구획	곡장	건물터	봉분(cm) (지름×높이)	장대석	난간석
碩陵	330× 220× 230	지하	할석	석주형조립식	석비례	×	×	20.5× 31	5단	○	○	400× 1808	8각	○
洪陵	·	·	·	·	·	·	·	17.5× 35	4단	○	·	500× 200	·	·
嘉陵	255× 168× 178	반지하	장대석	석주형조립식	생토면	×	흔적	11× 14	3단	×	×	760× 250	8각	×
坤陵	310× 250× 220	지하	판석재	석주형조립식	전돌	×	회칠	16× 35	4단	○	○	520× 190	12각	○
능내리 석실분	260× 196× 203	지하	장대석	석주형조립식	벽돌	×	회칠	16.5× 27	3단	○	○	·	12각	○

---

117) 이상준, 2012, 위의 글, 10쪽.

118) 문틀 홈의 기능에 대해 별도의 나무문을 달았던 흔적 혹은 발을 걸기 위한 용도로 보는 견해가 있다(전나나, 2012, 「조선왕릉 봉분의 구조적 특성에 대한 일고」, 『문화재』 45-1, 56쪽).

석릉

곤릉

곤릉 건물터

拜殿이 설치된 모습이 개경의 그것과 큰 차이가 없다.119)

　이처럼 강화 고려 왕릉은 개경의 왕릉과 동일한 축조 전통에 속해 있지만 몇 가지 차이점이 있다. 개경 왕릉에 비해 작은 봉분과 석실 규모, 8각 호석과 지상식 석실의 존재가 그것이다. 지금까지의 자료로 볼 때 이러한 특징은 강화도의 왕릉에서만 확인된다.

　강화 고려 왕릉의 봉분의 지름은 발굴 전을 기준으로 석릉이 4m, 곤릉은 5m 정도였다. 지름이 대략 6~12m 가량인 개경의 왕릉에 비해 절반 정도의 크기인 것이다. 그런데 발굴 결과 석실 상부에서 봉분의 기저부를 형성했던 것으로 보이는 장대석 구조물의 지름과 곡장의 규모로 볼 때 실제 봉분의 크기는 이보다 작았던 것으로 파악된다.

---

119) 석릉에서는 발굴 결과 건물지가 확인되지 않았고 홍릉도 지표에 건물의 흔적은 없지만 『여조왕릉등록』에 정자각에 대한 기록이 전하는 것을 볼 때 본래는 건물이 들어서 있었던 것을 알 수 있다.

가릉 8각 지대석(국립문화재연구소)

가릉의 장대석 구조물 지름은 320cm, 석릉은 270cm 곤릉은 370cm다. 이 장대석이 봉분의 크기와 관련이 없을 것으로 파악하기도 하지만[120) 바깥 면을 정연하게 다듬은 것으로 볼 때 봉분의 기저부에서 외부에 노출된 위치에 있었던 것으로 보인다. 특히 석릉은 장대석 바깥에 부석이 깔려있는데 장대석이 봉분의 안쪽에 있었다면 이와 같은 부석 시설을 설치한 의미가 없게 된다.[121) 또, 능내리 석실분의 경우 봉분 주위를 둘러싸고 있는 곡장의 너비가 6m에 불과하기 때문에 강도 왕릉의 봉분 지름은 최대 4m 이하였던 것으로 볼 수밖에 없다.

한편 석실 크기도 개성 왕릉보다 작다. 강화도에서 발굴된 왕릉 가운데 석실 규모가 가장 큰 곤릉의 석실 면적은 약 8.08㎡이며 가장

120) 윤용혁, 2010, 앞의 글, 93쪽.

121) 이희인, 2004b, 「강화 고려고분의 유형과 구조」, 『인천문화연구』 2호, 인천광역시립 박물관, 78쪽.

작은 가릉은 4.33㎡으로 평균 면적이 약 6.19㎡이다. 이는 지금까지 규모가 보고된 개경 고려왕릉 석실의 평균 면적 약 9.94㎡의 약 60%에 불과하다.122)

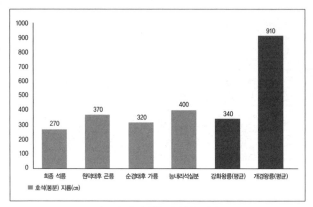

강도와 개경 왕릉의 봉분 지름

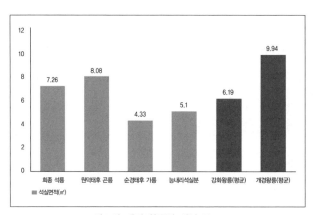

강도와 개경 왕릉의 석실 규모

---

122) 고려 왕릉의 석실 평균면적은 지금까지 보고된 석실의 길이와 너비를 왕릉별로 필자가 면적으로 환산한 뒤 평균을 산출한 것으로 오차가 있을 수 있음을 밝힌다.

이처럼 왕릉이라기에는 초라하게 느껴질 정도로 작은 봉분과 상대적으로 작은 석실 규모는 강도의 왕릉이 전시 체제에서 조성되었기 때문인 것으로 생각된다. 그런데 석실과 능역의 구조나 축조 수준은 개성의 그것과 차이가 없기 때문에 그 배경에 대해서는 향후 개성 왕릉에 대한 보다 구체적인 자료가 확보되어야 검토가 가능할 것으로 본다.

다음으로 8각 지대석의 존재다. 고려 왕릉의 봉분 지대석은 일반적으로 12각으로 이루어져 있는 것에 비해 석릉과 가릉은 8각 지대석이 설치되어 있다. 8각 지대석이 설치된 이유는 능주의 家系나 신분 차이 때문인 것으로 보기도 한다. 석릉에 안장된 희종은 폐위된 왕이며, 가릉에 안장된 순경태후는 원종의 비였으나 사망 당시는 태자비의 신분이었기 때문에 8각으로 간략하게 조성된 반면 곤릉은 고종 어머니의 능이기 때문에 왕릉의 전형적인 형식을 따랐다는 것이다.[123] 이와 관련해서는 조선시대 능과 원의 차이처럼 고려시대에도 왕실 내 위계에 따라 능의 구조나 규모에 차이가 있었는지 그리고 개경의 왕릉에서도 같은 사례가 있는지 확인이 필요하다.

마지막으로 지상식 석실의 존재다. 고려 왕릉의 석실은 지하 혹은 반 지하에 위치하는 것이 보통이지만, 가릉은 지상에 석실을 축조하고 주변에 할석을 쌓은 뒤 석실 상부에 봉분을 조성한 독특한 형태를 띠고 있다. 이와 비슷한 예는 아직 확인된 적이 없어 단정할 수는 없지만 아마도 능이 입지와 관련이 있는 것으로 추정된다. 일반적으로 고려시대 왕릉은 산의 경사면에 자리 잡고 경사면을 따라 여러 단을 구획한 뒤 최상단에 석실을 설치함으로서 왕릉으로서 위엄을 극대화

---

123) 국립문화재연구소, 2007, 『강화 고려 왕릉』, 국립문화재연구소, 461쪽.

가릉의 지상식 석실

능내리 석실분 석실(국립문화재연구소)

한다. 그런데 가릉은 평지에 가까울 정도로 완만한 경사지에 자리하기 때문에 이러한 효과를 내기 어렵다. 그렇기 때문에 석실을 지상에 설치해 인위적인 언덕[岡]을 형성하고 그 위에 봉분을 조성하는 방식을 택함으로서 지형적 약점을 보완했을 것으로 여겨진다.[124]

한편 강화도에 분포하는 석실분은 피장자를 알 수 없지만 그 형태로 보아 왕실의 능이 분명해 보인다. 따라서

---

124) 이희인, 2007, 「경기지역 고려고분의 구조와 특징」, 『고고학』 6-1호, 서울경기고고
학회, 62쪽.

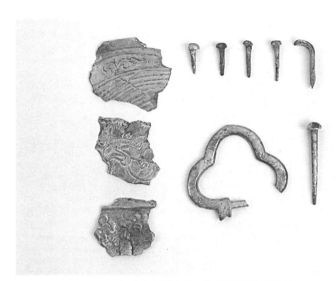

능내리 석실분 출토유물(국립문화재연구소)

이 석실분들은 강도시기에 조성되었을 것이다.[125] 왕실의 인물 가운데 강도시기에 사망한 기록이 전하는 것은 희종 비 성평왕후와 고종 비 안혜태후가 있다.[126] 그런데 능내리 석실분은 조사과정에서 수습된 인골의 DNA 분석결과 피장자가 여성인 것으로 밝혀졌고,[127] 석실의 규모와 격식이 가릉보다 정연할 뿐만 아니라 축조 시기도 앞서기 때문에 순경태후보다 먼저 사망한 안혜태후의 능일 가능성이 높은 것으로 확인되었다.[128] 따라서 발굴조사가 이루어지지 않은 나머지

---

125) 강도시기 이외에 강화도에서 사망한 왕(비)로는 忠定王이 있지만(『高麗史』 권37, 世家37 忠定王) 충정왕의 능인 聰陵은 개경에 위치한다. 개경에도 고읍리 1·2호, 7릉떼 1~7릉, 선릉떼 등 피장자가 밝혀지지 않은 석실분이 다수 존재한다.

126) 성평왕후와 안혜태후는 각각 1245년(고종 34)과 1232년(고종 19)에 사망했다. 성평왕후는 紹陵에 안장된 것으로 전하지만 안혜태후의 능 이름은 전하지 않는다. 한편 가릉에 안장된 순경태후는 원종의 비로 1236년 사망하였는데 당시는 태자비 신분이었다(이상 『高麗史』 권88, 列傳, 后妃).

127) 국립문화재연구소, 2007, 앞의 책, 504쪽.

인산리 석실분

석릉 주변 고분군

석실분 가운데 하나는 성평왕후의 능일 가능성이 높다. 이 중 인산리 석실분은 지표에 석실 입구가 노출되어 있어 내부 구조를 확인할 수 있다. 석실은 대형 할석을 이용해 길이 3.4m, 너비 1.9m의 크기로 축조하였다.[129] 인산리 석실분의 석실 규모는 능내리 석실분보다 약간 크며 석릉과 비슷하다. 한편 연리 석실분은 민묘 부근에 개석 일부와 그 아래쪽으로 작은 공간만 노출되어 있어 정확한 석실 구조나 크기를 확인할 수 없다. 하지만 이 무덤은 주민들 사이에 내부가 큰 방으로 이루어져 있고 고려 '假王陵'이라고 불린다는 이야기나 지상에 노출된 개석의 형태와 규모를 볼 때 대형 석실분일 가능성이 높다.

왕릉 이외에도 지금까지 강화에서 10여 개소의 분묘군에서 약 300여 기의 무덤이 확인되었다. 지표조사라는 조사방법의 한계 탓에 무덤의 정확한 개체수를 파악하는 것은 불가능하지만 강화도가 남한지역에서 고려 고분의 밀집도가 가장 높은 지역 가운데 하나이다.[130] 이처럼 강화도에 고려시대 분묘군이 밀집해 분포하는 것은 천도 이후 개경과 내륙지역 주민들이 강화로 이주하면서 인구가 급증한 역사적 사실에서 기인하는 것일 것이다.[131]

지금까지 발굴조사가 이루어진 유적이 거의 없어 강화도의 고려 분묘에 대한 구체적인 내용은 파악할 수 없다. 다만 강화도에서는 내륙지역에서는 발견되는 예가 많지 않은 판석재석곽묘가 상대적으로

---

128) 이상준, 2012, 앞의 글, 17쪽.

129) 인천시립박물관, 2003, 앞의 책, 55쪽.

130) 이희인, 2004b, 앞의 글, 67쪽. 남한지역에서 지금까지 발굴조사가 이루어진 고려시대 고분군이 90여 개소 정도다(주영민, 앞의 글 참조). 강화도의 고려 고분군은 대부분 지표조사에서 확인된 것이기 때문에 실제 발굴조사가 이루어질 경우 그 수는 보다 증가할 것이다. 따라서 지금까지 자료로 볼 때 강화는 남한지역에서 고려 고분의 밀집도가 가장 높은 지역 중 하나인 것은 분명하다.

131) 『高麗史』 권23, 世家23 高宗 20년 12월 ; 22년 7월.

양오리 고분군의 판석재석곽묘

많이 확인되고 있다는 점이 주목된다. 소형석실분으로 불리기도 하는 판석재석곽묘는 개석과 벽체가 각각 1매의 판석으로 이루어진 형태다. 고려시대 상위 계층의 묘제로[132] 파주 서곡리나 거창 둔마리 벽화분 등이 대표적인 예다. 강화에서 확인된 판석재석곽묘는 이상의 벽화분보다는 규모가 작고 축조 수준도 높지 않지만, 석릉 주변 고분군, 양오리 고분군, 여차리 고분군, 인산리 고분군, 장흥리 고분군 등 강화도 전역에 분포한다. 이는 재지층의 무덤일 가능성도 있지만 강도시기 고려의 지배층이 상당수 강화도로 유입되었던 결과로 볼 수 있을 듯하다.[133]

---

132) 고려시대 분묘는 석실묘, 판석재석곽묘, 할석재석곽묘, 토광묘로 나눌 수 있는데 이 가운데 석실묘와 판석재석곽묘가 왕족 및 상위 지배층의 묘제에 해당한다(이희인, 2004a, 「중부지방 고려시대 고분의 유형과 계층」, 『한국상고사학보』 45호, 110쪽). 판석재석곽묘는 매장주체부의 규모가 길이 2~3m, 너비와 높이는 1m 내외로 석실묘에 비해 규모가 대폭 축소되어 형태상 석곽묘에 가깝고 벽화가 그려져 있는 경우도 많다(이희인, 2007, 앞의 글, 54쪽). 밀양 고법리 벽화묘, 파주 서곡리 벽화묘 등 고려의 고위 관료의 무덤이 이에 해당한다.

특히 석릉과 인산리 석실분에 바로 인접해 판석재석곽묘가 분포하고 있는 점이 주목된다. 석릉 주변 고분군은 석릉에서 30여m 떨어진 곳에 곡장이 설치된 판석재석곽묘 2기가 확인되며 그 주변에도 분묘가 많다. 인산리 석실분에서 20여m 떨어진 곳에도 곡장이 설치되어 있는 대형 판석재석곽묘가 있고 그 아래쪽으로는 석곽묘로 추정되는 분묘 여러 기가 확인된다. 이렇게 왕릉에 인접해 분묘가 분포하는 현상은 흔치 않은 모습이다.

한편 양오리 고분군은 독특한 배치 양상을 보이고 있다. 이 유적군에서는 판석재석곽묘 3기를 비롯해 10여 기의 무덤이 확인되었는데 좁은 능선을 따라 분묘가 정연하게 열을 지어 배치되어 있어 族墳일 가능성을 보여주고 있다.[134] 뿐만 아니라 무덤은 북동쪽으로 뻗어있는 능선을 따라 분포하고, 각 분묘의 방향도 모두 북동쪽을 향하고 있는 점이 주목된다.[135] 분묘군이 위치한 곳은 개성이 한눈에 내려다보이는 지역으로 능선의 방향도 개경을 향하고 있다. 이것으로 볼 때 이곳에 묻힌 사람들이 개경에서 이주한 가문일 가능성이 있다고 여겨진다.

강화 고려 능묘의 분포를 살펴보면 일반 분묘군들은 강화도 전역에 걸쳐 고루 분포하지만, 왕릉과 고위 관료의 무덤들은 진강산 일대에 집중되고 있는 특징이 있다. 왕릉과 석실분 7기 중 석릉과 곤릉, 가릉, 능내리 석실분 등 4기가 진강산 일대에 위치한다.[136] 또, 묘지명에 강화에 매장된 것으로 전해지는 관료 가운데[137] 崔沆, 金就礪, 庾敬玄

---

133) 이희인, 2004b, 앞의 글, 79쪽.

134) 무신정권 이후 한 가문이 동일한 지역에 매장을 하는 族墳이 형성되고 있는 것으로 보고 있다(김용선, 1989, 「고려 지배층의 매장지에 대한 고찰」, 『동아연구』 17, 276쪽).

135) 인천시립박물관, 2003, 앞의 책, 66~69쪽.

136) 고종의 홍릉은 고려산에 위치하는데 이것은 고종을 다른 왕실 인물과 구별했기 때문이라고 보기도 한다(윤용혁, 2010, 앞의 글, 93쪽).

등 3명이 진강산 일대에 묻혔다. 이 중 김취려의 무덤은 진강산 서쪽에
있고 최항의 무덤은 진강현 서쪽 昌支山 기슭, 유경현은 진강산 남쪽에
매장된 것으로 전해진다. 이처럼 진강산 일대는 왕실을 포함한 강도시
기 지배층의 주요한 매장지였지만 그 이유는 확실치 않다.[138] 다만
조선시대에도 이 일대에 많은 분묘가 집중되어 있는데, 강화도에 있는
조선시대 분묘(군) 16개소 가운데 8개소가 진강산 일대에 분포한다.[139]
이것으로 볼 때 진강산은 시대를 막론하고 사람들이 매장지로 적합하게
여겼던 것은 분명해 보인다.

한편 개경에서 왕릉이 분포하는 지역은 도성의 범위로 인식되고
있다. 왕릉은 도성의 직접적인 관할 지역에 해당하는 郊 또는 교와
경기의 경계선 안에 자리한다.[140] 개경의 교는 조선시대 '城底十里'와
동일한 개념으로 파악된다.[141] 조선시대 성저십리는 한양 도성의 배후
지로서 명목상으로는 도성 내·외로 구분되지만 실질적으로는 도성의
행정 관할에 속한 지역이었다.[142] 그렇다면 강도의 경우는 어떠했을까?
강도시기에 교와 관련된 기록은 전해지지 않는다. 하지만 강도에도
개경과 같이 부방리제가 시행되고 있었던 것으로 파악되기 때문에

---

137) 묘지명에 강도에 매장된 것으로 전하는 관료는 崔沆(昌支山 기슭), 韓光衍(靑浦山
　　　南麓), 金仲文(江華 北山), 金仲龜(江華郡 南 靑桐寺 東楡岾), 金就礪(鎭江縣 大谷洞), 庾敬玄
　　　(鎭江山 南麓)이다(김용선, 2006, 앞의 책 참조).
138) 개경의 나성 주변에 위치한 왕릉도 특정 지역에 집중되는 현상은 확인되지 않는다.
　　　개경 왕릉의 분포에 대해서는 정학수의 글 참조(정학수, 2006, 「고려개경의 범위와
　　　공간구조」, 『역사와 현실』 59).
139) 대한불교조계종 문화유산발굴조사단, 2002, 『강화의 문화유적』.
140) 정학수, 2006, 앞의 글, 176쪽. 여기서 도성의 범위는 도성이 직접적인 관할하는
　　　지역을 의미하며 그 바깥은 지방군현의 관할대상이 된다.
141) 홍영의, 2000, 「고려전기 오부방리 구획과 영역」, 『역사와 현실』 38, 55쪽.
142) 이존희, 앞의 책, 58쪽. 성저십리의 범위는 동으로는 양주, 송계원과 大峴, 서쪽으로
　　　는 양화, 고양, 덕수원, 남쪽으로는 한강 및 露渡에 이른다(『世宗實錄地理志』京都
　　　漢城府).

208

강도의 행정체계는 개경과 크게 다르지 않았을 것으로 보인다.[143] 그런데 앞에서 보았듯이 강도의 왕릉은 진강산과 고려산 일대에 분포하는데 이곳을 개경의 교의 개념으로 본다면 강도의 범위는 진강산과 고려산 일대까지 볼 수 있다.

이와 관련하여 도읍과 이에 인접한 지방 군현과의 관계를 살펴볼 필요가 있다. 주지하듯이 강화도에는 천도 이전에 강화현이 있었으며 천도 직후 이를 강화군으로 승격했다.[144] 이것은 개경이 919년(태조 2) 송악군을 중심으로 도읍으로 정해지면서 開州로 칭한 것과 동일한 과정임을 알 수 있다. 개주는 후에 개성부로 고쳐졌는데 여기서 개성부는 개경의 관할구역을 일컫는 것이다.[145] 다시 말해 개경의 범위는 송악군의 관할 범위를 대상으로 한다는 것이다. 이와 같은 개경과 그 공간적 배경이 되었던 지방 군현과의 관계를 강도에 적용해 보면 강도는 강화현의 치소에 자리했기 때문에 강도의 범위는 강화현의 관할구역으로 볼 수 있다.[146] 강화도 전체가 강도의 직접적인 관할 하에 있었다는 것이다. 이렇게 이해해 보면 강도는 도성 안쪽뿐만 아니라 강화도 전역을 가리키는 것으로 보아야 할 것이다.

---

143) 김창현, 2003, 앞의 글, 217쪽.

144) 『高麗史』 권56, 志10 地理1 楊廣道.

145) 박용운, 앞의 책, 58~59쪽. 개성부는 성종~현종 년간 개경을 관할하는 관서를 지칭한다. 이 개성부는 현종 9년에 혁파되었다가 공양왕 때 복설되었다.

146) 강화현에는 하음현과 진강현, 교동현 3개의 속현이 있었으나 교동현의 경우 1172년(명종 2) 지방관이 파견되면서 별도의 독립 현이 되었다(『高麗史』 권56, 志10 地理1 楊廣道). 천도 당시 강화본도에는 강화현 아래 하음현과 진강현만 존재하였다.

VI.
맺음말

지금까지 강도 연구는 절대적으로 부족한 자료에도 불구하고 나름의 성과가 있었고 그 결과 강도를 이해하는 데 많은 도움을 주었다. 그러나 최근의 고고학적 조사로 기왕의 견해에 대한 문제점이 차츰 확인되었고, 나아가 단편적인 문헌 자료와 개경과의 비교에 따른 추정을 바탕으로 한 연구 방법에 한계가 있음이 드러나게 되었다. 여기에서는 이상에서 밝혀진 내용을 정리하면서 맺음말을 대신하고자 한다.

먼저 Ⅱ장에서는 강도에 관한 그간의 연구 성과를 살펴보았다. 그동안 강도 연구는 『고려사』와 『신증동국여지승람』 등 조선시대 지리지 및 읍지의 내용을 토대로 이루어져 왔다. 성곽에 대해서는 『고려사』를 통해 강도에는 외성과 중성이 축조되었고 성격이 불분명한 내성이 존재했음을 알 수 있다. 조선시대 지리지에서는 좀 더 구체적으로 성곽의 축조 재료와 위치, 규모를 전하고 있지만 외성의 위치에 대한 기술이 해안 제방과 강화읍 외곽토성 2가지로 나뉘어져 혼란을 불러일

으키고 있다. 이 밖에 궁성과 내성의 축조 여부와 성격을 확인할 수 있는 기록은 찾을 수 없다. 궁궐에 대해서는 '강화부 동쪽 10리'에 궁궐터가 있다고 하거나 견자산 바깥쪽에 궁궐터가 있다는 등 현재의 고려궁지가 강도의 궁궐터라는 견해와 배치되는 기록이 전하고 있을 뿐이다. 이처럼 강도에 대한 기록은 매우 단편적이기 때문에 문헌을 통해서 강도의 궁궐과 성곽을 이해하는 데에는 한계가 있다.

이와 같은 자료의 한계로 그동안 강도 연구는 궁궐과 성곽의 위치 비정에 머물러 있었다. 성곽 연구의 핵심은 『고려사』에 전하는 외·중·내성의 위치와 성격을 파악하는 데 있다. 그간 강도 성곽 연구에서 가장 큰 쟁점은 외성을 해안 토루 또는 제방과 강화읍 외곽토성 가운데 어떤 것으로 보느냐는 것이었다. 이 가운데 해안 외성설은 지금까지 통설로 받아들여져 왔다. 다만 어느 경우든 강화읍 외곽토성을 강도의 도성으로 본다는 점은 같다. 한편 해안 외성의 범위는 연구자별로 의견 차이가 있는데 강도의 동쪽과 남쪽을 환축했다고 보는 견해와 강도의 북쪽 해안 일부와 동쪽 해안 전 구간을 따라 외성이 존재했다는 견해로 구분된다. 궁궐의 위치에 대해서는 고려궁지가 강도 궁궐의 중심지라는 데 의견이 일치하고 있다. 다만 최근 고려궁지에서 궁궐과 관련된 흔적이 확인되지 않은 점을 의식하고 궁지 주변으로 궁궐의 범위로 넓혀 보고 있다.

이와 같은 그간의 연구 성과에서 다음 3가지에 대해 검토가 필요하다고 판단하였다. 첫째, 궁궐의 위치에 대한 것이다. 지금까지 수 차례의 발굴조사에도 불구하고 고려궁지에서 강도 궁궐의 흔적이 발견되지 않았기 때문이다. 둘째, 그동안 강도의 도성으로 보아왔던 강화읍 외곽토성의 축조시기와 위상이다. 그동안 이에 대한 검토는 이루어진 바 없는데, 토성이 천도기에 축성된 것이 아니거나 구조상 도성으로

212

보기 어려울 경우 강도의 성곽체제는 다시 재구성되어야 하기 때문이다. 마지막으로 해안 외성의 존재 여부와 그 범위에 관한 문제다. 해안 외성의 존재는 그동안 통설로 받아들여져 왔지만 이를 부정하는 기록도 전하고 있고 외성의 범위도 연구자마다 다양해 면밀한 검토가 필요하기 때문이다.

Ⅲ장에서는 이상의 내용을 검토하기에 앞서 강도가 자리했던 강화도의 지형과 입지적 특성을 살펴보았다. 강화도는 천도 이후부터 시작된 간척으로 해안선의 변화가 지속적으로 일어났던 곳이다. 따라서 강도에 대한 연구는 당시의 지형조건을 고려하여 이루어져야 하지만 기왕의 연구에서는 이를 간과해 왔다. 여기에서는 정밀토양도에서 간척지 토양의 분포범위를 통해 본래의 해안선을 복원해 보았다. 그 결과 간척 이전 해안선은 현재보다 섬 안쪽에 위치하고 굴곡이 심해 섬 곳곳으로 깊숙하게 바닷물이 유입되었던 것을 알 수 있었다. 한편 기왕의 연구에서 강도시기의 방어체제를 조선시대의 지형을 기준으로 판단하는 경우가 많았다. 조선시대 강화외성의 존재를 염두에 두고 강도시기에 해안을 따라 외성이 존재했다고 보는 인식이 그것이다. 강도시기 강화는 갯벌과 높은 조수간만차, 빠른 유속, 겨울철 유빙 등으로 인해 승천포와 갑곶을 통해서만 외부에서 접근이 가능했던 곳이다. 그런데 강화는 천도 이후부터 조선 후기까지 지속적인 간척으로 해안 지형의 변화가 이루어지면서 조선시대에는 외부에서 접근할 수 있는 통로가 늘어났다. 아울러 병자호란 당시 강화도가 함락되는 경험을 하면서 조선시대 해안 방어의 필요성이 증대하면서 강화외성을 축조하기에 이르렀다. 이처럼 강도시기에는 해안 지형이 조선시대와 달랐고 외적에 의해 함락당한 역사적 경험이 없었기 때문에 해안 방어의 필요성은 조선시대에 비해 크지 않았음을 알 수 있다.

IV장에서 궁궐의 위치와 강화읍 외곽토성의 성격, 해안 외성의 실체에 대해 살펴보았다. 먼저 궁성의 위치에 대해서 관련 문헌과 고고자료를 검토하였다. 『고려사』와 『세종실록지리지』에 전하는 '강화부 동쪽 10리' 송악리에 옛 궁궐터가 있다는 기록을 따르면 강화부의 치소는 강화읍에 있었기 때문에 궁궐은 갑곶 일대에 있는 것이 된다. 그런데 『조선왕조실록』과 『신증동국여지승람』 등 관련 기록을 살펴본 결과 이 기사가 작성되었던 15세기에는 부의 위치가 현재 강화읍이 아니었던 것을 알 수 있었다. 당시 강화부의 치소가 자리한 곳은 강화읍 동쪽 고려산 기슭의 고천리 일대로 추정되는데, 이곳을 기준으로 보면 강화부 동쪽 10리는 현재 강화읍 일대를 가리킨다. 따라서 강도의 궁궐터는 강화읍 북산의 남사면 일대에 있었던 것이 분명하다고 판단된다.

다음으로 고려궁지 주변에서의 최근 조사 자료를 통해 궁궐의 위치를 살펴보았다. 지금까지 고려궁지에 대한 조사결과로 볼 때 고려궁지는 궁궐터가 아니거나 적어도 중심 공간은 아닌 것으로 판단되기 때문에 궁지 주변에서 궁궐터를 찾아야 한다. 이와 관련해 고려궁지 서쪽에 있는 향교골유적과 서남쪽의 관청리 659-2번지에서 회랑 건축물과 함께 양질의 청자가 확인되었다. 특히 659-2번지에서 발견된 정면 7칸 측면 1칸의 회랑 건축물은 궁궐과 관련이 있을 가능성이 높다. 개경 궁궐의 서부건축군 발굴조사 결과 중심 전각을 중심으로 가운데 중정을 두고 '⊔'자 형태로 좌·우측과 전각 맞은편에 회랑 건축물이 배치되는 구조가 확인되었다. 이러한 건축 형태는 삼별초가 개경 정부에 대항하는 독자적인 정부를 세우고 입도한 진도 용장성내 왕궁지에서도 확인되고 있어 고려시대 궁궐의 전형적인 건축구조로 판단된다. 이와 같은 대형 회랑 건축물이 존재하고 있는 것을 볼 때 고려궁지 서쪽과 서남쪽 일대에 궁궐이 존재하고 있을 가능성이 높다고 판단된다. 이 일대는 지형적으로도 산사면 중턱에 있는 '고려궁지'에 비해 완만한 구릉 위에 축대를 쌓은 뒤 그 위에 전각을 배치하는 고려 궁궐의 입지형태에 보다 적합한 곳이기도 하다.

강화읍 외곽토성은 길이가 약 11.3km로 동쪽 해안 구간을 제외하고 강화읍을 둘러싸고 있다. 최근 2개 지점에서 발굴조사가 이루어져 성벽의 구조가 확인되었다. 성벽의 구조는 기단석렬+중심토루(판축)+외피토루로 이루어져 있는데 이는 통일신라~고려시대의 토성형식인 기단석렬 판축토성에 해당한다. 이 토성은 동일한 축조 전통을 갖춘 성곽과 비교할 때 기단석렬의 구조가 정연하고 판축의 정밀도 또한 높다. 성의 규모는 해안 구간을 포함하면 약 16km에 달해 한양도성(18km)과 비슷하다. 이와 같은 성곽의 축조수준과 규모로 볼 때 이 토성은 국가적 차원에서 축조되었을 것으로 판단된다. 한편 토성의 축조 시기는 와적층 출토 기와로 보아 12~13세기를 넘어갈 수 없다. 그런데 12세기 이후에 강화읍 일대에서 이와 같은 대규모 토성이 축조될 수 있었던 것은 강도시기뿐이다. 이처럼 강화읍 외곽토성은 동일한 축조전통을 갖춘 여타의 성곽에 비해 성벽의 축조 수준이 높고 축성시기가 강도시기에 해당되는 점을 볼 때 강도의 도성이 분명하다.

강도 해안 외성의 존재와 범위에 대해서는 크게 3가지로 나누어 검토하였다. 우선『조선왕조실록』과『속수증보강도지』등에 전하는 강화도 동·북·서 삼면 해안을 따라 외성을 환축했다는 설에 대해서 살펴보았다. 문헌 검토 결과 강화도 삼면 환축 외성에 대한 기록은 후대에 구전되는 과정에서 과장되거나 왜곡된 주민들의 전언을 기초로 한 것으로 근거가 없는 것으로 확인되었다. 특히『숙종실록』에 외성의 흔적으로 전하는 마니산과 길상산 일대의 돌무더기는 이 일대에 있었던 목장성을 지칭하는 것으로 보인다. 한편 강화도 서쪽과 동쪽 해안은 지형조건상 해안 제방을 축조하기 어려울 뿐만 아니라 몽골의 군사적 위협과 고려의 군사 작전이 갑곶 일대에 집중되는 것으로 볼 때 전략적으로도 중요하지 않았음을 알 수 있다. 따라서 강화도 삼면을 환축한 해안 외성은 존재하지 않았던 것으로 판단된다.

둘째, 조선시대 강화외성과 강도 외성이 계기적으로 연계될 수 있는지를 검토하였다. 강도 외성의 존재를 주장하는 배경에는 조선시대 외성이 강도의 외성을 토대로 하고 있었을 것이라는 인식이 있다. 그러나 강화외성은 조선 후기에 새롭게 조성된 해안선 위에 건설된 것으로 강도시기에 외성이 있었다고 하더라도 당시 해안선은 조선시대보다 섬 안쪽에 있었기 때문에 서로 겹칠 수 없다. 또한 외성에 대한 발굴조사에서 강도시기의 흔적은 확인되지 않았기 때문에 강화외성이 강도 외성을 토대로 축조되었다는 그간의 이해는 오류가 있음을 알수 있다.

셋째, 강도 동쪽 해안 일대에 외성의 범위에 대한 견해를 검토해 보았다. 강도시기 외성의 범위에 대해서는 강도를 중심으로 동쪽 해안가와 남쪽을 환축했다는 견해와 승천포로부터 초지까지 강화도 북쪽과 동쪽 해안선을 따라 이어진다는 의견으로 나뉜다. 두 견해의 가장 큰 차이점은 강도를 남쪽으로 감싸 안은 형태의 외성으로 보았던 화도~'혈구진성'을 잇는 토루가 성의 범위에 포함되는지 여부다.

그동안 외성의 흔적으로 파악되었던 화도~'혈구진성'으로 이어지는 토루의 성격을 살펴보았다. 이 토루는 혈구진성으로 알려진 유적과 연결되기 때문에 종래에는 진성의 익성으로 보기도 했다. 그런데 이 성을 동시기의 다른 유적과 비교해 본 결과 통일신라시대 진성이 아니라 조선시대 강화도에 있었던 진강목장의 목장성으로 확인되었다. '혈구진성'과 연결된 토루 역시 진강목장의 목장성 일부로 판단되며,

그에 따라 강도의 남쪽을 환축한 외성은 존재하지 않았다는 것을 알 수 있다.

끝으로 승천포~초지까지 외성의 존재여부에 대해 살펴보았다. 해안 외성의 범위를 이렇게 파악한 것은 조선시대 외성을 염두에 두고 여기에 1256년 간척된 지역을 승천포와 초지 일대로 보고 이 지역을 외성의 범위에 포함시켰기 때문이다. 그러나 강도 외성은 조선시대 외성과는 관계가 없고 천도 후기 식량 확보를 위해 간척한 구간을 해안 방어를 위한 외성의 범위에 포함시키는 것은 무리가 있다. 더구나 조선시대 외성은 현종~숙종 40여 년에 걸쳐 축조한 제방을 기초로 조성된 것이기 때문에 강도 동안에 해안 외성이 존재 했다 하더라도 조선시대 외성보다 길이가 짧았다고 보는 것이 합리 적이다. 이와 관련해 강도 도성의 동쪽 해안구간에 여타의 방어시설 이 없다는 점을 볼 때 해안 제방이 도성의 해안구간 일대의 방어선으 로 구축되었던 것으로 판단된다. 따라서 강도 동안에 제방이 축조되 어 있었지만 조선시대와 같이 대규모 제방은 없었고 도성 동쪽 구간 의 방어를 위해 갑곶 일대에만 제방이 축조되었던 것으로 판단된다.

Ⅴ장에서는 Ⅳ장의 검토결과를 바탕으로 강도의 성곽체제를 재구성 하고 이를 통해 강도의 공간구조를 살펴보았다. 먼저 『고려사』에 전하 는 외·중·내성을 비정해 보았다. 강도의 외성은 기존의 견해와 같이 해안 제방이 아니라 도성을 가리키는 것으로 파악된다. 해안 외성의 축조 사실을 시사하는 것으로 보았던 『고려사』의 1235년 '연강제안'을 추가로 쌓았다는 기사는 외성과 별도로 기록된 것을 볼 때 해안 외성과 는 연관이 없음을 알 수 있다. 그런데 이 제방은 고려의 일품군을 징발해 축조한 것으로 단순한 간척이 아니라 국가적 목적, 즉 방어를 위해 축조되었을 가능성이 높다. 그렇다면 이 제방은 동쪽 해안 구간에

방어 시설이 없는 도성의 방어선으로 활용되었다고 볼 수 있다. 제방을 추가로 쌓았다는 것은 기존에 제방이 이미 있었다는 것을 의미하는데 이는 천도 초기부터 축조되기 시작한 도성의 축조과정에 제방이 일부 축조되었음을 의미하는 것으로 생각된다. 그런데 제방이 외성과 별개로 기록된 것을 보면 제방은 성곽이 아닌 방어선의 개념으로 이해되었던 것으로 보인다. 이렇게 외성을 도성으로 본다면 그동안 해안 외성의 존재를 암시하는 증거로 여겨졌던 『보한집』의 "강을 따라 성을 환첩했다"는 기록에 더 잘 부합한다. 또한 도성을 기존 견해와 같이 중성으로 볼 경우 『고려사』에 전하는 중성의 길이 2,960칸, 약 6,000m와 맞지 않는다는 점도 이를 뒷받침 한다.

한편 강화산성 동문지 부근에서 확인된 폭 28m의 석렬이 강도 중성의 흔적으로 판단된다. 이 석렬은 층위 상 강화산성 축조 이전의 것인데, 검토 결과 강화산성 축조 이전에 있었던 옛 강화부성과는 관련이 없는 것으로 파악된다. 조선시대 이전 강화부성을 제외하고 강화읍 일대에 성곽이 존재하고 있었던 시기는 강도시기뿐이기 때문에 이 석렬은 강도 중성의 흔적일 가능성이 높다. 한편 내성은 축조기록이 없고 훼철 기사만 전하기 때문에 성격에 대해 논란이 있어왔는데 이는 별개의 성곽이 아니라 중성 또는 궁성을 의미하는 것으로 보아왔다. 그런데 궁성은 1259년 내성이 훼철된 이후에도 궁궐의 문에 관한 기록이 계속 등장하는 것으로 볼 때 내성은 궁성이 아니라 중성을 가리키는 것으로 파악된다.

이와 같은 관점에서 보면 강도의 성곽체제는 외성(도성)−중성(내성)−궁성으로 재구성할 수 있다. 이에 따른 각 성의 축조과정과 배경을 살펴보면 궁성은 천도 초기 궁궐의 조성과정에서 축조되었을 것으로 보인다. 외성은 1233년에 축성기록이 있는 것으로 볼 때 몽골의 제2차 침입(1232) 직후부터 축조되기 시작했다고 여겨진다. 강도를 방어하기 위한 해안 방어선 구축에 앞서 외성(도성)을 천도 초기부터 축조한 이유는 도성이 가지는 상징성과 함께 정치적 목적 때문인 것으로 여겨진다. 최우가 독단적으로 추진한 천도의 정당성을 부각시키고 민심을 안정시키기 위해 도읍을 상징하는 도성을 가장 먼저 축조했다는 것이다. 천도 초기에 군사적 기능보다는 상징적인 의미가 좀 더 강한 도성을 먼저 축조할 수 있었던 것은 외부에서 접근이 쉽지 않은 강화도의 입지적 특성 때문이었다. 이처럼 천도 초기에는 궁성과 외성만 존재했는데 당시의 모습은 『삼도부』에 "안은 자루로 두르고 밖은 분첩으로 감쌌다"는 기록과 잘 부합된다.

중성은 최항의 권력 승계 이후 정치적 권력 강화를 위해 축조된 것이다. 지금으로서는 중성의 범위를 구체적으로 알 수 없지만 최항의 묘지명에 중성이 황도를 감쌌다는 기록과 견자산 부근에서 성벽의 흔적이 발견된 것으로 보아 궁궐이 위치한 관청리 일대를 포함하는 형태였을 것으로 판단된다. 그런데 중성의 축조 목적에는 정치적인 것 이외에 강도의 방어와 도시구획도 있었던 것으로 보인다. 몽골의 4차 침입 당시 몽골군이 강도를 직접적으로 압박하는 등 군사적 위협이 강화되었는데 당시 상황에서 외성을 보완하는 성곽의 필요성이 대두되었을 것이다. 한편으로 중성은 궁궐과 주요 관청을 주변 민가와 분리하는 역할도 수행하였을 것으로 판단된다. 중성은 최항 묘지명의 기록과 성의 위치로 볼 때 개경의 황성과 같은 위상을 가졌을 것이다.

이렇게 재구성한 강도의 성곽체제를 개경과 비교해 보면 규모와 축조 순서에는 차이가 있지만 나성-황성-궁성으로 구성된 개경의 성곽체제와 거의 동일하며 강도의 외성과 중성은 개경의 나성과 황성에 각각 상응하는 것으로 볼 수 있다. 이처럼 개경과 강도의 성곽체제가

같다는 것은 전반적인 지형조건이 비슷했기 때문이기도 하지만 강도의
성곽을 건설하는데 개경에서의 경험이 반영되었음을 보여준다.

끝으로 재구성된 성곽체계를 바탕으로 강도의 공간구조의 특징을
살펴보았다. 성곽은 도시의 범위와 공간구조를 반영하는 시설물이기
때문에 개경의 성곽체제가 강도에 반영되어 있다면 도시 구조도 비슷했
을 가능성이 높다. 그동안에도 비슷한 맥락에서 개경과의 비교를 통해
강도의 구조를 추측해 왔다. 그러나 현재까지의 자료로는 단순히 개경
과의 비교를 통해서 강도의 공간구조를 복원하는데 한계가 있다. 또,
비슷하다고는 하지만 지형의 차이가 있기 때문에 개경과 강도의 구조는
서로 차이가 있을 가능성이 높다.

강도 도성의 면적은 개경 나성의 60%에 달하지만 도성 동쪽 지역의
상당 부분이 간척지여서 실제 도시 시설이 들어설 공간이 부족하였을
것이다. 이렇게 좁은 공간에 개경과 서경, 광주, 남경의 주민들이 유입되
면서 강도는 매우 과밀한 도시가 되었다. 강도 내에서 간척지를 제외하
고 도시 시설이 밀집했던 곳은 5개 구역으로 구분할 수 있다. 이 지역들은
『고려사』의 화재기록에 나타난 가옥의 밀집도와 부합된다. 이 가운데
가장 중심지역은 오늘날 관청리와 신문리 일대이고 그 다음으로 견자
산~월곳리 지역이다. 한편 조선시대 강화의 교통로를 기준으로 강도의
도로망을 추정해보면 위의 인구 밀집지역을 따라 간선도로가 이어진
다. 가장 중요한 간선로는 갑곳에서 도성 중심부를 거쳐 승천포까지
동-서방향으로 이어지는 도로다. 이 도로는 견자산 일대에서 월곳과
강화도 남단을 잇는 남북 방향의 도로와 갈라지면서 전체적으로 십자
형태를 띠고 있다. 십자 형태의 도로망은 개경에서 자남산 일대에
형성된 십자가를 중심으로 도심지가 형성되어 있는 것과 유사하다.
이러한 강도의 주요 교통로의 양상을 볼 때 도성에는 6~7개의 문이

있었을 것으로 생각되지만 간선도로 이외에도 성내·외를 연결하는 통로가 있을 것을 고려하면 도성에는 10여 개의 성문이 있었을 것으로 보인다.

다음으로 궁궐, 성곽과 함께 도성 연구의 기본 요소 가운데 하나인 사원과 능묘의 분포양상을 통해서 강도 공간구조의 특징과 범위를 살펴보았다. 문헌과 지표조사에서 확인된 70개소의 사찰가운데 강도시기에 운영되었을 것으로 볼 수 있는 절터는 약 24개소다. 이 중 12개소는 도성에서 반경 1.5km 범위 내에 밀집 분포하고 있다. 그러나 도성 안쪽에 분포하는 절터는 왕림사지, 병풍암사지, 천등사지 등 3개에 불과하다. 이와 함께 『고려사』에 개경에서 이전한 것으로 전하는 15개 사원 중에서 도성 중심부에 위치한 것으로 볼 수 있는 경우는 위의 3개 절터를 포함해 10여 개소에 불과하다. 이와 같은 강도 사원의 분포 양상은 나성 안쪽에 사원들이 밀집해 분포하는 개경과 차이가 있다. 이는 도성의 축조 시점의 차이와 강도의 공간부족으로 인한 것으로 판단된다. 개경의 경우 나성 축조 이전부터 황성 일대에 사원이 축조되기 시작해 점차 외곽으로 확대되었다. 그러나 강도는 도성이 먼저 축조되고 도성내 공간이 부족한 상태에서 급속한 도시화가 이루어지면서 사원의 입지가 개경에 비해 상대적으로 부족해지면서 사찰이 주로 도성의 바깥쪽에 자리 잡게 된 것으로 판단된다.

한편 강도에는 왕릉 4기와 석실분 3기를 비롯해 고려시대 분묘(군) 10여 개소가 분포하고 있다. 왕릉을 제외하더라도 강화도내 고려시대 분묘군의 밀집도는 다른 지역에 비해 상당히 높다. 이것은 천도 이후 개경과 내륙 주민들이 강화로 입도하면서 인구가 급증했던 역사적 사실을 반영하는 것으로 판단된다. 강화도의 고려시대 능묘의 분포를 살펴본 결과 진강산 일대에 지배층의 무덤이 집중되고 있음을 알 수 있다. 구체적인 배경을 알 수 없지만 진강산 일대가 능묘의 입지로 적합했던 것으로 보인다.

왕릉의 입지와 관련해 개경에서 왕릉이 분포하는 지역은 郊, 즉 개경의 직접적인 관할을 받는 지역으로 인식되고 있다. 강도의 왕릉은 진강산과 고려산 일대에 위치해 있는데 이곳을 개경의 교와 같은 개념으로 본다면 강도의 범위는 인접한 고려산은 물론 진강산 일대까지가 된다.

이와 관련하여 도성과 이에 인접한 지방군현과의 관계를 살펴보았다. 개경은 송악군을 중심으로 자리잡았고 이후 송악군의 범위를 개경의 관할구역으로 삼았다. 이를 강도에도 적용한다면 강도가 강화현의 치소에 자리했기 때문에 강도의 범위는 강화현의 관할 범위, 즉 강화도 전체가 도성의 범위에 있었던 것으로 볼 수 있다. 이렇게 이해해보면 강도는 도성으로 둘러싸인 공간뿐만 아니라 강화도 전역을 가리키는 것으로 보아야 할 것으로 생각된다.

이상과 같이 기존의 강도 연구의 문제점을 최근 고고학적 자료를 중심으로 검토함으로서 강도에 대한 이해의 폭을 조금이나마 넓힐 수 있었다. 그러나 도성 연구에서 가장 기본적인 요소인 궁궐의 명확한 위치와 주요 관청과 태묘, 사원의 배치 확인 등 앞으로 해결해야 할 과제가 산적해 있다. 이를 위해서는 강도가 자리했던 강화도 전역에 대한 지속적인 조사를 통해 고고학적 자료를 확보하는 것이 가장 시급하다. 앞으로 강도에 대한 충분한 자료가 확보되어 좀 더 구체적으로 강도를 복원할 수 있는 기회가 마련되기를 기대한다.

참고문헌

1. 문 헌

『宣和奉使高麗圖經』
『三國史記』
『高麗史』
『東文選』
『東國李相國集』
『補閑集』
『高麗史節要』
『朝鮮王朝實錄』
『備邊司謄錄』
『休翁集』
『江都誌』
『江華府志』
『息菴遺稿』
『新增東國輿地勝覽』
『大東地志』
『餘地圖書』
『擇里志』
『續修增補江都誌』

2. 보고서

가경고고학연구소, 2014, 『평택 안중 성해리 산9955임 일원 문화유적 발굴(시굴)조
　　　사 약보고서』.
강화군·삼성건축설계사무소, 1985, 『강화산성 현황 조사보고서』.

겨레문화재연구원, 2011, 『조선궁전지Ⅱ』.

겨레문화재연구원, 2012, 『강화 고려궁지 6차 발굴(시굴)조사 약보고서』.

겨레문화재연구원, 2015, 『강화 고려궁지 7차 발굴(시굴)조사 약보고서』.

계림문화재연구원, 2014, 『강화읍 관청리 145번지 유적』.

경기도박물관, 1999, 『평택 관방유적정밀지표조사보고서(Ⅰ)』.

경남문화재연구원, 2010, 『김해 가야사 조성사업 주차장 부지 문화유적발굴조사
　　　지도위원회자료』.

경남문화재연구원, 2007, 『동래고읍성지』.

경남발전연구원, 2008, 『마산 회원현성지 발굴조사 보고서』.

국립문화재연구소, 2001, 『장도 청해진 유적발굴조사보고서』.

국립문화재연구소, 2002a, 『강화 석릉』.

국립문화재연구소, 2002b, 『장도 청해진 유적발굴조사보고서 Ⅱ』.

국립문화재연구소, 2007, 『강화 고려왕릉』.

국립문화재연구소, 2009, 『개성 고려궁성』.

국립문화재연구소, 2010, 『강화 월곶진지』.

국립부여문화재연구소, 1996, 『부소산성』.

국립부여문화재연구소, 1999, 『부소산성』.

국립부여문화재연구소, 2000, 『부소산성 발굴중간보고서 Ⅳ』.

국립부여문화재연구소, 2004, 『부소산성 발굴조사보고서 Ⅴ』.

단국대학교매장문화재연구소, 2003, 『평택 농성 지표 및 발굴조사보고서』.

단국대학교매장문화재연구소, 2004, 『평택 서부 관방산성 시·발굴조사 보고서』.

대한불교조계종 문화유산발굴조사단, 2002, 『강화의 문화유적』.

동국대학교박물관, 2003, 『사적 259호 강화 선원사지 발굴조사 보고서』.

동서문화재연구원, 2008, 『김해 봉황동 주택신축부지내 유적 발굴조사 약보고서』.

동아대학교박물관, 1995, 『거제시 성지 조사보고서』.

동아대학교박물관, 1990, 『울주화산리성지』.

동아세아문화재연구원, 2008, 『김해고읍성』.

동의대학교박물관, 2006, 『부산 망미동 동래 고읍성』.

명지대학교 부설 한국건축문화연구소, 2003, 『강화산성 동문지 유구조사 보고서』.

목포대학교박물관, 2006, 『진도 용장산성』.

목포대학교박물관, 2011a, 『진도 용장산성내 문화재 시·발굴조사 지도위원회
　　　자료』.

목포대학교박물관, 2011b, 『진도 용장산성내 시·발굴조사 약보고서』.

부산광역시립박물관, 1996, 『당감동 성지Ⅰ』.

복천박물관, 2001, 『동래 읍성지』.

불교문화재연구소, 2008, 『강화 통제영학당지 및 진해루지 유적』.

불교문화재연구소, 2009, 『강화 충렬사주변 학술조사 보고서』.

불교문화재연구소·문화재청, 2010, 『한국의 사지』.

서경문화재연구원, 2012, 『강화 관청리 향교골유적』.

서울대학교박물관, 1991, 『행주산성』.

서울특별시, 2003, 『서울소재 성곽조사 보고서』.

선문대학교 고고연구소, 2001, 『강화도 마니산 고려 이궁지-지표조사보고서』.

선문대학교 고고연구소, 2002, 『강화전성 지표조사보고서』.

예맥문화재연구원, 2012, 『속초 동명동 자연재해위험지구 정비사업부지내 유적
　　　　발굴조사 약식 보고서』.

이화여자대학교박물관, 2004, 『강화 선두리 고려도기요지 발굴조사 보고서』.

인하대학교박물관, 2000, 『강화 석릉주변 고려고분군 지표조사 보고서』.

인하대학교박물관, 2001, 『강화 냉정~인산간 도로 확·포장 공사구간내 지표조사
　　　　보고서』.

인하대학교박물관, 2002, 『강화 승천보』.

인하대학교박물관, 2006a, 『강화산성 남문지 주변 인도개설구간내 문화유적 시굴
　　　　조사 약보고서』.

인하대학교박물관, 2006b, 『강화산성 동문 주변 긴급보수공사 구간 내 문화유적
　　　　시굴조사 약보고서』.

인하대학교박물관, 2006c, 『강화 삼성리 약쑥 특구 지구 내 문화유적 시굴조사
　　　　약보고서』.

인하대학교박물관, 2007, 『강화 교육청사 신축부지내 문화유적 발굴조사 약보고
　　　　서』.

인하대학교박물관, 2009, 『강화향교 복원부지 발굴조사 보고서』.

인하대학교박물관, 2011, 『강화 중성』.

인천시립박물관, 2003, 『강화의 고려고분-지표조사보고서』.

인천시립박물관, 2007a, 『강화의 마장-지표조사보고서』.

인천시립박물관, 2007b, 『강화산성-지표조사보고서』.

인천시립박물관, 2008, 『강화 창후리 청소년유스호스텔부지내 문화유적 발굴조사
　　　　보고서』.

인천시립박물관, 2009, 『강화의 절터-지표조사보고서』.

원광대·마한백제연구소, 1985, 『익산 오금산성 발굴조사 보고서』.

원광대·마한백제연구소, 2001, 『익산 저토성 시굴조사 보고서』.

육군박물관, 2000, 『강화도의 국방유적』.

전남대학교박물관, 1995, 『회진토성 I』.

전남대학교박물관, 2005, 『나주 신촌리토성』.

중원문화재연구원, 2009a, 『인화~강화 도로건설공사 구간내 J구간 문화재 발굴조
　　　사 1차 지도위원회 자료집』.

중원문화재연구원, 2009b, 『인화~강화 도로건설공사 구간내 J구간 문화재 발굴조
　　　사 2차 지도위원회 자료집』.

중원문화재연구원, 2009c, 『충주 탄금대토성 I』.

중원문화재연구원, 2011, 『강화 대산리유적』.

중원문화재연구원, 2012, 『강화 옥림리 유적』.

중원문화재연구원, 2013, 『강화 신봉리·장정리 유적』.

제주고고학연구소, 2012, 『제주 항파두리 항몽유적 토성 발굴조사 간략보고서』.

제주문화예술재단 문화재연구소, 2003, 『제주항몽유적지 항파두리 토성 보수정비
　　　에 따른 토성단면 확인조사 보고서』.

충남대학교박물관, 1984, 『목천토성』.

충남대학교박물관, 1994, 『홍성 신금성』.

충남대학교 백제연구소, 1985, 『직산 사산성 발굴조사 중간보고서』.

충북대학교박물관, 2002, 『충주 견학리 토성(II)』.

충북대학교 중원문화재연구소, 1999, 『청주 정북동 토성 I』.

충북대학교 중원문화재연구소, 2002a, 『한국의 근세산성-강화산성,상당산성 시굴
　　　조사 보고서』.

충북대학교 중원문화재연구소, 2002b, 『용인 처인성 시굴조사 보고서』.

호남문화재연구원, 2004, 『나주읍성II』.

한강문화재연구원, 2009, 『강화 관청리유적』.

한국고고인류연구소, 2015, 『강화외성 주변 공중화장실 신축부지내 유적 발굴(시
　　　굴조사) 약식보고서』.

한국문화재보호재단, 2005, 『강화 우체국~강화중학교간 도시계획도로 개설공사
　　　예정구간 문화유적 발굴조사 보고서』.

한국문화재보호재단, 2006, 『강화외성 지표조사보고서』.

한국문화재보호재단, 2013, 『강화 신정리 572-29번지 단독주택 및 창고신축부지
　　　내 유적 현장 설명회 자료』.

한국문화유산연구원, 2010, 『강화 서문~진고개간 도로 확포장구간내 문화유적
　　　발굴조사 약보고서』.

한국문화유산연구원, 2011, 『강화 성광교회~동문간 도시계획도로 개설공사구간

내 문화유적 발굴조사 약보고서』.

한국문화유산연구원, 2015,『강화 관청리 163번지 유적』.

한림대학교박물관, 2003,『조선 궁전지 발굴조사 보고서』.

한신대학교박물관, 2000,『수원 고읍성』.

한울문화재연구원, 2010a,『강화 비지정문화재 학술조사 보고서』.

한울문화재연구원, 2010b,『강화 정족산성진지』.

한울문화재연구원, 2011,『강화산성 남장대지 유적』.

한울문화재연구원, 2014,『강화외성 내 강화전성구간 발굴조사 학술자문회의
　　　회의자료』.

한울문화재연구원, 2015a,『강화 선원사지 남서측 주변지역 유적』.

한울문화재연구원, 2015b,『강화 외성 강화외성 덕진진 북측 성벽구간유적 시굴
　　　및 발굴조사』.

한양대학교박물관, 1998,『당성 1차 발굴조사 보고서』.

한양대학교박물관, 2001,『당성 2차 발굴조사 보고서』.

3. 단행본

강화군, 2010,『군정백서』.

강화군, 2003,『강화의 옛지도』.

경기도, 1988,『畿內사원지』.

경기문화재단, 2003,『경기도의 성곽』.

국립문화재연구소, 2010,『한국매장문화재조사연구방법론』 6.

국립문화재연구소, 2011a,『고려수도 개경과 동아시아의 도성문화』, 문화재청
　　　50주년 기념 국제학술심포지엄.

국립문화재연구소, 2011b,『한국고고학사전-성곽·봉수편』.

김상기, 1948,『동방문화교류사논고』, 을유문화사.

김상기, 1961,『고려시대사』, 동국문화사.

김인철, 2003,『고려무덤 발굴보고』, 백산자료원.

김용선, 2006,『고려묘지명 집성』,한림대학교 출판부.

농촌진흥청, 1992,『증보 한국토양총설』.

농어촌진흥공사, 1995,『한국의 간척』.

대한불교조계종총무원, 1997,『불교사원지』.

문화재관리국, 1977,『문화유적총람』.

박용운, 1989, 『고려시대사』, 일지사.

박용운, 1996, 『고려시대 개경연구』, 일지사.

박흥수, 1999, 『한·중 도량형 제도사』, 성균관대학교 출판부.

백종오, 2006, 『고구려 기와의 성립과 왕권』, 서경.

백종오, 2006, 『고구려 남진정책 연구』, 서경.

변태섭, 1971, 『고려 정치제도사 연구』, 일조각.

부여군, 2006, 『부소산성』.

사회과학원 고고학연구소, 2009a, 『고려의 성곽』, 진인진.

사회과학원 고고학연구소, 2009b, 『고려의 무덤』, 진인진.

서울대학교출판부, 2000, 『북한의 문화재와 문화유적』.

서정석, 2002, 『백제의 성곽』, 학연문화사.

심봉근, 1995, 『한국남해연안성지의 고고학적 연구』, 학연문화사.

심정보, 1995, 『한국 읍성의 연구』, 학연문화사.

손영식, 2009, 『한국의 성곽』, 주류성.

영남대학교박물관, 1998, 『한국의 옛 지도』.

이병도, 1948, 『고려시대의 연구』, 을유문화사.

이병도, 1961, 『한국사』, 을유문화사.

이존희, 2001, 『조선시대의 한양과 경기』, 혜안.

이종봉, 2001, 『한국중세도량형제 연구』, 혜안.

이진한, 2014, 『고려시대 무역과 바다』, 경인문화사;

이태진, 2008, 『한국사회사연구』, 지식산업사.

인천광역시, 1998, 『인천의 지명유래』.

윤용혁, 1986, 『고려사의 제문제』, 삼영사.

윤용혁, 1991, 『고려대몽항쟁사연구』, 일지사.

윤용혁, 2014, 『삼별초』, 혜안.

장호수, 2000, 『북녘의 고고학과 문화재관리』, 백산.

조선총독부, 1916, 『大正五年度 古蹟調査報告』.

채웅석, 2000, 『고려시대의 국가와 지방사회』, 서울대학교 출판부.

최맹식, 1999, 『백제 평기와 신연구』, 학연문화사.

충주대학교박물관, 2011, 『단양 적성의 어제와 오늘』.

한국역사연구회, 2002, 『고려의 황도 개경』, 창작과 비평사.

한국역사연구회, 2007, 『개경의 생활사』, 휴머니스트.

4. 논문

김갑동, 1992, 「고려왕조의 성립과 군현제의 변화」, 『국사관논총』 11, 국사편찬위원회.

김갑동, 2003, 「고려건국기 강화의 동향과 토착세력」, 『신편 강화사』, 강화군 군사편찬위원회.

김기덕, 2000, 「고려시대 강도사 연구의 쟁점」, 『사학연구』 61, 한국사학회.

김기덕, 2001, 「고려시대 개경의 풍수지리적 고찰」, 『한국사상사학』 17.

김기덕, 2003, 「무인집권기의 강화지역의 동향」, 『신편 강화사』, 강화군 군사편찬위원회.

김기덕, 2009, 「강도 궁궐의 입지와 개경 궁궐의 풍수 비교」, 『강화 고려궁지 학술조사 학술발표회자료집』, 강화문화원.

김경옥, 2001, 「제주목장의 설치와 운영-탐라지를 중심으로」, 『지방사와 지방문화』 4권 1호.

김길식, 2012, 「고려 개경 서부건축군의 성격과 배치구조의 사상적 배경」, 『고고학』 11-1호, 중부고고학회.

김병곤, 2007, 「사적 제259호 강화 선원사와 신니동 가궐의 위치비정」, 『불교학보』 48.

김성철·이철영, 2011, 「조선시대 목장성 연구」, 『대한건축학회지』 46호.

김인철, 1996, 「고남리 일대에서 드러난 고려평민무덤에 대하여」, 『조선고고연구』 96-4.

김인철, 2000, 「고려돌칸흙무덤의 유형과 변천」, 『조선고고연구』 00-4.

김인철, 2002, 「고려무덤에 관한 연구」, 『평양일대의 벽돌칸무덤, 고려무덤, 삼국사기 마구에 관한 연구』, 사회과학출판사.

김인호, 2010, 「고려시대 국왕의 장례절차와 특징」, 『한국중세사연구』 29.

김용민, 1997, 「부소산성 성벽축조기법 및 변천에 대한 고찰」, 『한국상고사학보』 26호.

김용선, 1989, 「고려 지배층의 매장지에 대한 고찰」, 『동아연구』 17, 서강대 동아연구소.

김우철, 2003, 「병자호란과 강화의 항전」, 『신편 강화사』, 강화군 군사편찬위원회.

김종혁, 1986, 「개성일대의 고려왕릉발굴보고(1)」, 『조선고고연구』 86-1.

김종혁, 1986, 「개성일대의 고려왕릉발굴보고(2)」, 『조선고고연구』 86-2.

김창현, 1999, 「고려 개경의 궁궐」, 『사학연구』 57.

김창현, 2001, 「고려 서경의 성곽과 궁궐」, 『역사와 현실』 41.

김창현, 2002a, 「고려시대 개경 나성문의 편제」, 『한국사학보』 13.

김창현, 2002b, 「고려시대 개경 황성 구조」, 『사학연구』 67.

김창현, 2002c, 「고려 개경의 나성문과 황성문」, 『역사학보』 173.

김창현, 2002d, 「고려시대 개경 궁성안 건물의 배치와 의미」, 『한국사연구』 117.

김창현, 2003, 「강화의 왕도경영」, 『신편 강화사』, 강화군 군사편찬위원회.

김창현, 2004, 「고려 개경과 강도의 도성 비교 고찰」, 『한국사연구』 127.

김창현, 2005, 「고려시대 강화의 궁궐과 관부」, 『국사관논총』 106.

김창현, 2007, 「고려 서경의 행정체계와 도시구조」, 『한국사연구』 137.

김창현, 2008, 「신라왕경과 고려도성」, 『신라문화제학술발표논문집』.

김창현, 2008, 「고려시대 동경의 위상과 행정체계」, 『신라문화』 32집.

김형만·김철수, 1982, 「한국 성곽도시의 발전과 공간패턴에 관한 연구」, 『국토계획』 17권 1호.

김형우, 2003, 「강도시대의 주민상활과 사회상」, 『신편 강화사』, 강화군 군사편찬위원회.

김형우, 2005, 「고려시대 강화 사원 연구」, 『국사관논총』 106.

김호준, 2007, 「경기도 평택지역의 토성 축조방식 연구」, 『문화사학』 27호.

고금님, 2005, 『호남지역 고려 석곽묘 연구』, 전북대학교 석사학위논문.

고동환, 2010, 「한국 도시사 연구동향」, 『역사학보』 제207호.

고용규, 2001, 「한국 남부지역 판축토성의 연구」, 『고문화』 58.

구산우, 2009, 「고려말 성곽축조와 향촌사회의 동향」, 『역사와 경제』 75.

나기주, 1985, 「도성계획과 우주적 상징주의」, 『지리학』 20-2, 대한지리학회.

나동욱, 1996, 「경남지역의 토성 연구-기단석축형 판축토성을 중심으로」, 『박물관연구논문집』 5, 부산박물관.

나동욱, 2004, 「조선시대 오해야항목장 고찰」, 『박물관연구논문집』 11, 부산박물관.

리창언, 1990, 「고려돌칸흙무덤의 몇 가지 문제」, 『조선고고연구』 90-3.

류형균, 2006, 「고려시대 전라도지역 사찰 연구」, 『호남고고학보』 24.

민덕식, 2000, 「수원고읍성과 화성」, 『충북사학』 20.

민소리 外, 2012, 「한양도성 지표·시·발굴·방법론」, 『야외고고학』 제14호.

문경호, 2011, 「고려시대 조운제도와 조창」, 『지방사와 지방문화』 14권 1호.

범선규, 2004, 「강화도의 해안선과 해안지형」, 『인천학연구』 3, 인천학연구원.

박남수, 2003, 「통일신라와 후삼국시대의 강화」, 『신편 강화사』, 강화군 군사편찬위원회.

박성우, 2010, 「강도시대 성곽의 현황과 성격」, 『역사와 실학』 42.

박양진, 2003, 「중국 초기 도시의 고고학적 일고찰」, 『지방사와 지방문화』 제6권 1호.

박윤진, 1998, 「고려시대 개경일대 사원의 군사적·정치적 성격」, 『한국사학보』 3·4호.

박성현, 2010, 「신라 郡縣 중심지의 구조와 地方官衙의 위치」, 『한국고대사연구』 59.

박순발, 2010, 「익산 왕궁리 유적 궁장과 신룡석 산성의 기원」, 『백제연구』 52집.

박종기, 2003, 「개경환도이후의 강화」, 『신편 강화사』, 강화군 군사편찬위원회.

박종기, 2004, 「경기 북부지역 중세 군현 치소와 특수촌락 변화연구」, 『북악사론』 8.

박종진, 1999, 「고려시대 개경사 연구 동향」, 『역사와 현실』 34.

박종진, 2000, 「고려시기 개경 절의 위치와 기능」, 『역사와 현실』 38.

박종진, 2003, 「개경환도 이후의 강화」, 『신편 강화사』, 강화군 군사편찬위원회.

박종진, 2010, 「개경(개성)연구의 새로운 모색」, 『역사와 현실』 79.

배성수, 2002, 『조선 숙종초 강화도 돈대 축조에 관한 연구』, 인하대학교 석사학위 논문.

배성수, 2006, 「강화외성과 돈대의 축조」, 『강화외성 지표조사 보고서』.

백종오, 2006, 「부소산성의 축성기법과 특징」, 『부소산성』, 부여군.

백종오, 2007, 「인천연안의 고대성곽」, 『문화사학』 27호.

서성호, 2000, 「고려시기 개경의 시장과 주거」, 『역사와 현실』 38.

서영일, 2005, 「한성백제시대 산성과 지방통치」, 『문화사학』 24.

서정석, 1999, 「나주 회진토성에 대한 검토」, 『백제문화』 28.

성정용·이성준, 2001, 「대전 구성동 토성」, 『백제연구』 34.

신안식, 2000a, 「고려시대 개경의 나성」, 『명지사론』 11·12.

신안식, 2000b, 「고려전기의 축성과 개경의 황성」, 『역사와 현실』 38.

신안식, 2003, 「주민의 동향과 몽골과의 화의」, 『신편 강화사』, 강화군 군사편찬위원회.

신안식, 2004, 「고려전기의 북방정책과 성곽체제」, 『역사교육』 89.

신안식, 2009, 「강도시기 도성 성곽의 축조와 위상」, 『강화 고려궁지 학술조사 학술발표회 자료집』, 강화문화원.

신안식, 2010, 「고려시대 개경 도성의 범위와 이용」, 『한국중세사연구』 제28호.

심광주, 2005, 「한성시기 백제산성」, 『고고학』 3-1호, 서울경기고고학회.

심광주, 2006, 『남한지역 고구려 성곽연구』, 상명대학교 박사학위논문.

小田富士雄, 1999, 「일본에 있는 조선식 산성의 조사와 성과」, 『고구려연구』 8집.

안길정, 2003, 『19세기 조운의 운영실태』, 성균관대학교 석사학위논문.

안병우, 2011, 「고려시대 수도로서 개경의 위상」, 『고려수도 개경과 동아시아의 도성문화』, 문화재청.

안성현, 2006, 「사천 선진리토성 발굴조사 개요」, 『한국중세사연구』 20호.

안수영, 2013, 『조선후기 방어진목장의 운영과 목자』, 울산대 석사학위논문..

양미옥, 2005, 『충청지역 고려시대 무덤 연구』, 한남대학교 석사학위논문.

양선아, 2011, 「조선후기 서해연안간척의 기술적과정과 개간의 정치」, 『쌀·삶·문명연구』 4호.

양시은, 2010, 「남한 내 고구려 성곽의 구조와 성격」, 『고구려발해연구』 36집.

왕성수, 1990, 「개성일대 고려왕릉에 대하여」, 『조선고고연구』 90-2.

엄성용, 2003, 「고려전기 강화의 위상」, 『신편 강화사』, 강화군 군사편찬위원회.

이상준, 2012, 「고려 왕릉의 구조 및 능주 검토」, 『문화재』 45호, 국립문화재연구소.

이상준, 2014, 「고려 강도궁궐의 위치와 범위 검토」, 『문화재』 47-3호, 국립문화재연구소.

이인숙, 2007, 「고려시대 평기와 제작기법의 변천」, 『고고학』 6-2, 서울경기고고학회.

이정신, 2007, 「고려시대 기와생산체제와 그 변화」, 『한국사학보』 29.

이종봉, 2000, 「고려시대의 척」, 『부대사학』 24.

이평래, 1991, 「고려후기 수리시설의 확충과 수전개발」, 『역사와 현실』 5.

이희인, 2004a, 「중부지방 고려시대 고분의 유형과 계층」, 『한국상고사학보』 45호.

이희인, 2004b, 「강화 고려고분의 유형과 구조」, 『인천문화연구』 2호, 인천광역시립박물관.

이희인, 2007, 「경기지역 고려고분의 현황과 성격」, 『고고학』 6-2, 서울경기고고학회.

위은숙, 1989, 「12세기 농업기술의 발전」, 『부대사학』 12.

임학성, 2008, 「해양주민의 삶」, 『바다와 섬, 인천에서의 삶』, 인천광역시 역사자료관.

윤경진, 2001, 「고려 군현제의 운영원리와 주현-속현 영송관계의 성격」, 『한국중세사연구』 10호.

윤명철, 1999, 「강화지역의 해양방어체제연구」, 『사학연구』 58·59.

윤명철, 2004, 「고려의 강화천도와 대몽항쟁의 해양적 성격」, 『누리와 말씀』 15.

윤오섭, 1998, 「간척의 역사」, 『농공기술』.

윤용혁, 1982, 「고려의 해도입보책과 몽고의 전략변화」, 『역사교육』 32.

윤용혁, 2002, 「고려시대 강도의 개발과 도시정비」, 『역사와 역사교육』 7.

윤용혁, 2003, 「강도시대의 대몽항쟁」, 『신편 강화사』, 강화군 군사편찬위원회.

윤용혁, 2005, 「고려 강화도성의 성곽연구」, 『국사관논총』 106.

윤용혁, 2010, 「고려 도성으로서의 강도의 제문제」, 『한국사연구』 40.

장지연, 2000, 「고려시기 개경의 구조와 기능」, 『역사와 현실』 38.

장지연, 2006, 「고려후기 개경 궁궐건설 및 운영방식」, 『역사와 현실』 60.

장지연, 2010, 「정치와 행정의 중심지, 궁궐과 관청」, 『고려시대 황도 개경』, 창작과
　　　비평사.

전경숙, 2010, 「고려시기 개경의 군사시설과 방위 구역」, 『한국중세사연구』 28.

전나나, 2012, 「조선왕릉 봉분의 구조적 특성에 대한 일고」, 『문화재』 45-1.

전덕재, 2010, 「한국 고대의 왕경과 도성, 지방도시」, 『역사학보』 제207호, 역사학
　　　회.

전룡철, 1980, 「고려의 수도 개성성에 대한 연구(1)」, 『력사과학』 2호.

전룡철, 1980, 「고려의 수도 개성성에 대한 연구(2)」, 『력사과학』 3호.

전주농, 1963, 「공민왕현릉」, 『고고학자료집』 3. 1963.

정연태·곽종철, 2010, 「토양조사 자료의 고고학적 활용」, 『한국매장문화재조사연
　　　구방법론 6』, 국립문화재연구소.

정요근, 2010, 「모든 길은 개경으로」, 『고려시대 황도 개경』, 창작과 비평사.

정학수, 2006, 「고려개경의 범위와 공간구조」, 『역사와 현실』 59.

정찬영, 1989, 「만월대 유적에 대하여(1)」, 『조선고고연구』 89-1.

주영민, 2011, 『고려시대 지방분묘 연구』, 경상대학교대학원 박사학위논문.

주채혁, 1989, 「몽골-고려사연구의 재검토 : 몽골, 고려전쟁사 연구의 시각문제」,
　　　『애산학보』 8.

채상식, 2009, 「강화 선원사의 위치에 대한 재검토」, 『한국민족문화』 34.

최맹식, 2001, 「통일신라 평기와 연구」, 『호서고고학보』 6·7.

최영준, 1997, 「강화지역의 해안저습지 간척과 경관의 변화」, 『국토와 민족생활
　　　사』, 한길사.

최영준, 2002, 「강화의 간척사업과 지형변화」, 『신편 강화사』, 강화군 군사편찬위
　　　원회.

최영준, 2003, 「강화 교동도의 해안 저습지 개간과 수리사업」, 『대한지리학회지』
　　　38.

최인선, 2009, 「여수 곡화목장의 고고학적 고찰」, 『조선시대 여수의 곡화목장』,
　　　전남대학교 이순신해양문화연구소.

최인선, 2007, 「고흥 절이도 목장성에 대한 고찰」, 『한국성곽학보』 제12집.

최종석, 2005, 「고려시기 치소성의 분포와 공간적 특징」, 『역사교육』 95.

한성욱, 2002, 「강화 하도리 출토 청자의 성격」, 『호서고고학』 6·7합집.

한인호, 1994, 「만월대 중심건축군의 원덕전터 발굴보고」, 『조선고고연구』 94-3.

현남주, 2003, 『경기중서부지역 중세성곽연구』, 아주대학교 석사학위논문.

홍재상, 2002, 「갯벌환경과 보존」, 『신편 강화사』, 강화군 군사편찬위원회.

홍성우·김재영·강영수, 2013, 「남해 홍선목장의 공간구조와 기능에 대한 연구」, 『야외고고학』 제7호.

홍영의, 2000, 「고려전기 오부방리 구획과 영역」, 『역사와 현실』 38.

홍영의, 1998, 「고려수도 개경의 위상」, 『역사와 비평』 45.

황병성, 2001, 「강도시기 이규보의 현실인식」, 『전주사학』 8.

찾아보기

지은이 이 희 인 李義仁

1973년 서울에서 태어났다. 성균관대학교 역사교육과를 졸업하였고, 같은 대학원 사학과에서 석사와 박사를 마쳤다. 고고학 전공으로 고려시대에 관심을 가지면서 고려 고분으로 석사학위를 취득하였고, 고려 강도(江都)를 주제로 박사학위를 받았다. 현재 인천시립박물관 학예연구관으로 재직 중이다.

연구 논저로는 『한국고분의 편년』(공저), 「중부지방 고려고분의 유형과 계층」, 「강화 고려고분의 유형과 구조」, 「경기지역 고려고분의 현황과 성격」, 「인천 연안의 백제유적」, 「고려 강도 성곽의 체제와 위치 고찰」, 「고려 강도 해안 외성에 대한 검토」 등이 있다.

한국중세사학회 연구총서 8

고려 강화도성

이 희 인 지음

초판 1쇄 발행 2016년 11월 30일

펴낸이 오일주
펴낸곳 도서출판 혜안

등록번호 제22-471호
등록일자 1993년 7월 30일

주소 ⑨ 04052 서울시 마포구 와우산로 35길 3(서교동) 102호
전화 3141-3711~2   팩시밀리 3141-3710
이메일 hyeanpub@hanmail.net

ISBN 978-89-8494-567-8   93910

값 22,000 원